• Des délices de **légumes**
> *Rendez-vous page 94*
• Des alliances **exotiques**
> *Rendez-vous page 122*
• Des douceurs **sucrées**
> *Rendez-vous page 142*

3. Et parce qu'on n'a jamais assez d'idées, vous trouverez au début de ce livre **des sommaires illustrés pour organiser en toute simplicité un apéro complet ou un goûter gourmand.**

• **Vous cherchez une recette rapide et facile ?**
> *Rendez-vous page 6*
• **Vous cherchez une recette pour un apéro chic ?**
> *Rendez-vous page 8*
• **Vous cherchez une recette pour un café gourmand ?**
> *Rendez-vous page 10*

SOMMAIRE

1. VERRINES DE LA MER

2. VERRINES DU TERROIR

3. VERRINES VÉGÉTARIENNES

4. VERRINES EXOTIQUES

5. VERRINES SUCRÉES

1

2

3

6

7

8

11

12
Ginger
NET WT. 6 OZ.

13

Quelques suggestions de recettes

RAPIDES ET FACILES

Et aussi...

1

Quelques suggestions de recettes

POUR UN APÉRO CHIC

1 • Petites terrines de rouget au basilic p. 22

2 • Tartare de langoustine à l'orange p. 32

3 • Granité au champagne p. 40

4 • Verrines de foie gras, compotée de poire et pain d'épice p. 74

5 • Petits flans au foie gras au monbazillac p. 80

6 • Petites crèmes au café, chantilly au Baileys p. 206

7 • Granité à la vodka p. 220

Et aussi...

Panna cotta saumon fumé et crème d'asperge p. 46, Verrine de saumon, avocat et pomme verte p. 48, Mousse d'asperge et œufs de saumon p. 54, Tartare de veau aux langoustines p. 66, Magrets roulés et betteraves blanches à la noisette p. 82, Patates douces et saint-jacques au pain d'épice p. 138, Trifle aux macarons et aux fraises p. 170, Eton mess p. 172

1

Quelques suggestions de recettes

POUR UN CAFÉ GOURMAND

1 • Dés de nectarines au sabayon de pistaches p. 148

2 • Tatin de pommes déstructurée p. 160

3 • Tiramisu aux abricots et à l'amaretto p. 164

4 • Tarte au citron meringuée et spéculoos en verrine p. 166

5 • Cheesecake léger au citron vert p. 176

6 • Soufflé glacé au chocolat p. 190

7 • Crème au café et spéculoos p. 204

Et aussi...

Salade de fruits rouges à la menthe p. 144, Verrines de mirabelles au nougat p. 154, Crème au cidre et sa couronne de pommes p. 158, Cheesecake au mascarpone façon tiramisu p. 178, Panna cotta au lemon curd p. 200, Petits pots de crème à la vanille p. 202

1. VERRINES DE LA MER

MOUSSE D'AVOCAT AU CRABE ET ZESTES DE CLÉMENTINE

Pour 8 verrines / 20 min de préparation

Ingrédients

1 clémentine

1 boîte de 75 g de chair de crabe au naturel

2 avocats bien mûrs

2 cuil. à soupe de crème fraîche

Le jus de ½ citron

½ cuil. à café de baies roses

Fleur de sel

Matériel

Mixeur

1. À l'aide d'une râpe fine, prélevez les zestes de la clémentine. Ensuite, découpez les suprêmes (les quartiers sans la peau blanche) à l'aide d'un couteau bien aiguisé et récupérez le jus. Coupez les suprêmes de clémentine en tout petits morceaux et mélangez-les à la chair de crabe.

2. Prélevez la chair des avocats et mixez-les avec la crème fraîche et le jus de citron. Salez et mixez jusqu'à l'obtention d'une texture mousseuse.

3. Dans un mortier, écrasez les baies roses à l'aide d'un pilon. Placez dans chaque verrine un peu de mousses d'avocat, recouvrez de 1 cuil. à soupe de mélange au crabe et terminez par les zestes de clémentine et les baies roses. Dégustez bien frais.

VARIANTE

Vous pouvez réaliser cette recette en remplaçant la chair de crabe par des crevettes ou des gambas cuites coupées en tout petits morceaux.

RILLETTES DE SARDINES AU FROMAGE FRAIS

Pour 4 à 6 personnes / 5 min de préparation

Ingrédients

2 boîtes de sardines à l'huile
1 échalote
½ citron
100 g de fromage frais aux herbes
Sel, poivre

Matériel

Mixeur

1. Retirez l'arête centrale des sardines. Pelez et mixez l'échalote. Pressez le demi-citron.

2. Versez tous les ingrédients dans un bol et écrasez le tout à l'aide d'une fourchette. Rectifiez l'assaisonnement.

CONSEIL

Tartinez les rillettes de sardines sur du pain ou des toasts.

RILLETTES DE TRUITES FRAÎCHES ET FUMÉES AUX ALGUES NORI

Pour 4 terrines de 200 g / 15 min de préparation / 1 h de cuisson / 3 semaines de conservation au réfrigérateur

Ingrédients

700 g de filets de truite fraîche
200 g de truite fumée
2 échalotes
2 cuil. à soupe d'algues en paillettes
2 brins de thym
200 g de beurre
Huile d'olive
Sel, poivre

Matériel

Cuit-vapeur

1. Faites cuire à la vapeur les filets pendant 15 min en les retournant à mi-cuisson. Puis laissez-les refroidir.

2. Pelez et émincez les échalotes. Faites-les revenir dans un peu d'huile d'olive. Coupez en petits carrés la truite fumée. Quand les filets sont froids, enlevez la peau puis écrasez la chair à la fourchette en incorporant peu à peu le beurre, la truite fumée, les échalotes revenues et les paillettes d'algues. Salez et poivrez à votre convenance.

3. Préchauffez le four à 200 °C (th. 6-7). Remplissez les terrines jusqu'à 2 cm du rebord. Fermez hermétiquement. Placez-les dans un plat rempli d'eau et enfournez pour 40 min de cuisson au bain-marie.

4. Si vous voulez conserver ces rillettes plusieurs mois, procédez au traitement thermique, 1 h à 100 °C à la place de la cuisson au bain-marie.

CONSEIL

Après traitement thermique, conservez ces rillettes à l'abri de la lumière et de la chaleur pendant 6 mois.

MINI-TERRINES DE BAR MARINÉ

Pour 2 personnes / 35 min de préparation / 30 min de congélation / 30 min de réfrigération

Ingrédients

1 bar (800 g à 1 kg) levé en filets par le poissonnier
½ botte de coriandre
Sucre en poudre
Le jus de 1 citron vert
Quelques baies roses
½ piment rouge
Huile d'olive
Sel, poivre du moulin

Matériel

2 petites terrines (transparentes si possible)

1. Placez les filets de bar bien à plat dans le congélateur pendant environ 30 min afin de bien les raffermir. Hachez légèrement les feuilles de coriandre.

2. Avec un couteau très affûté, détaillez les filets de bar en fines tranches. Déposez-les au fur et à mesure sur une grande assiette propre et froide.

3. Salez et poivrez les tranches de bar, déposez une petite pointe de sucre, arrosez de quelques gouttes de jus de citron vert et d'huile d'olive, puis agrémentez de coriandre hachée, de baies roses et de piment finement coupé.

4. Empilez délicatement les tranches de bar dans les moules à terrine et pressez légèrement avec les doigts. Laissez reposer 30 min au moins dans le réfrigérateur avant de servir avec une salade de cresson et des toasts de pain de campagne.

PETITES TERRINES DE ROUGET AU BASILIC

Pour 4 personnes / 1 h de préparation / Plusieurs heures de repos / 25 à 30 min de cuisson

Ingrédients

4 beaux rougets levés en filets par le poissonnier

1 petite botte de basilic

Pour la farce de poisson

400 g de filets de cabillaud

1 blanc d'œuf

5 cl de crème fraîche épaisse

4 cuil. à soupe de tapenade

Huile d'olive

Beurre pour les moules

Sel, poivre du moulin

Matériel

Mixeur

4 petits moules individuels (ovales si possible)

Papier sulfurisé

1. Préparez la farce de poisson. Coupez les filets de cabillaud en cubes et placez-les au congélateur pendant 1 h environ. Placez ensuite cette chair glacée dans le mixeur avec le blanc d'œuf, le sel, le poivre et la noix muscade. Mixez pendant 1 min pour réduire le tout en une fine pâte. Attention à ne pas faire chauffer la pâte. Placez au congélateur 30 min.

2. Dans un saladier, travaillez vigoureusement la pâte pendant 3 min environ avec une cuillère en bois ou à l'aide d'un robot ménager en incorporant 5 cl de crème fraîche épaisse très froide. Laissez reposer 20 min au réfrigérateur puis renouvelez cette opération 2 fois de suite en respectant les temps de travail et de repos. Ajoutez le safran et mélangez bien. Si la farce semble trop ferme, ajoutez 1 cuil. à soupe de crème fraîche.

3. Déposez les filets de rouget dans une assiette, salez et poivrez, puis arrosez de quelques gouttes d'huile d'olive. Effeuillez la botte de basilic. Beurrez les moules de cuisson. Préchauffez le four à 160 °C (th. 5-6).

4. Déposez un filet de rouget au fond de chaque moule. Recouvrez de 2 ou 3 feuilles de basilic. Déposez ensuite par-dessus 1 cuil. à soupe de farce de poisson. Étalez bien. Déposez également 1 cuil. à soupe de tapenade, puis à nouveau des feuilles de basilic et enfin un second filet de rouget. Tassez légèrement. Terminez par une couche de farce pour bien finir de remplir les moules. Salez et poivrez. Décorez avec un peu de basilic haché et quelques gouttes d'huile d'olive. Couvrez de papier sulfurisé.

5. Déposez les moules dans une plaque remplie d'eau chaude et enfournez pour 25 à 30 min de cuisson. Servez les terrines chaudes dans leurs moules de cuisson ou démoulées sur des assiettes.

SOUPE D'AVOCAT ET THON MARINÉ AU CITRON

Pour 6 personnes / 15 min de préparation / 20 min de cuisson

Ingrédients
1 cube de bouillon de volaille
1 pavé de thon albacore
1 citron
2 petits concombres
1 avocat
1 tranche de pain
½ botte de coriandre
½ botte de ciboulette
6 cuil. à soupe d'huile d'olive
Sel et poivre

Matériel
Mixeur
Verrines

1. Portez à ébullition 25 cl d'eau avec le cube de bouillon. Laissez refroidir. Découpez le thon en cubes de 0,5 cm de côté. Pressez le citron et versez le jus sur le thon. Ajoutez du sel, du poivre et laissez reposer.

2. Épluchez les concombres et l'avocat. Dénoyautez ce dernier. Dans le bol d'un mixeur, assemblez le bouillon, le pain, les concombres et l'avocat. Actionnez votre robot et laissez-le tourner pendant 5 min de façon à obtenir une soupe extrêmement lisse. Vérifiez l'assaisonnement.

3. Effeuillez et hachez la coriandre et la ciboulette. Répartissez la soupe dans des verres et ajoutez un peu de thon, de l'huile d'olive et les herbes. Servez aussitôt.

CONSEIL

Vous pouvez réaliser la même recette avec du saumon, du bar ou de l'espadon. Par ailleurs, vous pouvez rehausser le goût de cette recette à la saveur simple en y ajoutant un peu d'épices tex mex, du curry ou une pointe de piment.

TARTARE DE CREVETTES, POMME ET CONCOMBRE

Pour 4 personnes / 15 min de préparation

Ingrédients

16 grosses crevettes roses cuites
1 pomme granny-smith
¼ de concombre
½ citron vert
3 brins de coriandre
4 cuil. à soupe d'huile d'olive vierge extra
Sel, poivre du moulin

Matériel

Verrines

1. Pressez le demi-citron dans un grand récipient, versez l'huile d'olive en émulsionnant avec un fouet.

2. Décortiquez les crevettes et coupez-les en petites rondelles. Pelez le quart de concombre, coupez-le en deux, retirez-en les graines, puis taillez chaque moitié en petits dés. Épluchez la pomme, retirez-en le cœur et coupez-la en dés également.

3. Versez tous ces ingrédients dans le récipient contenant la vinaigrette, salez, poivrez et mélangez soigneusement. Au moment de servir, répartissez dans des verrines et ajoutez la coriandre hachée. Dégustez bien frais.

VARIANTE

Pour un repas de fête, remplacez les crevettes par des langoustines.

TARTARE DE DAURADE À LA CITRONNELLE

Pour 4 personnes / 20 min de préparation / 15 min de réfrigération

Ingrédients

4 filets de daurade (environ 150 g, sans arête ni peau)
2 oignons nouveaux
2 brins de menthe
2 brins de coriandre
1 tige de citronnelle
1 piment oiseau
1 citron vert
2 cuil. à soupe de sauce de poisson (nuoc-mâm)
2 cuil. à soupe de sauce soja
4 cuil. à soupe d'huile d'olive
Fleur de sel, poivre du moulin

Matériel

Verrines

1. Coupez les filets de daurade en tout petits cubes, que vous mettez au frais le temps de préparer la suite.

2. Prélevez le zeste du citron vert et pressez l'agrume dans un large récipient. Ajoutez la sauce de poisson, la sauce soja et l'huile d'olive. Retirez les extrémités du piment et coupez- le en deux, retirez-en les graines et hachez-le finement ; ajoutez-le à la sauce.

3. Lavez et séchez les oignons nouveaux, la menthe, la coriandre ; hachez-les. Émincez finement le cœur de la tige de citronnelle, puis ajoutez tous ces ingrédients dans le récipient, mélangez bien en fouettant légèrement avec une fourchette. Incorporez délicatement les dés de poisson, rectifiez l'assaisonnement en sel et poivre. Répartissez la préparation dans des verrines.

4. Placez le tartare au réfrigérateur pendant 15 min avant de servir.

VARIANTE

Vous pouvez utiliser un combawa à la place du citron vert. On trouve cet agrume dans les épiceries asiatiques.

TARTARE DE THON AU SÉSAME

Pour 6 personnes / 15 min de préparation / 30 min de marinade

Ingrédients

250 g de thon rouge
4 feuilles de wakamé (algue japonaise)
2 échalotes
2 cuil. à soupe de sauce soja
2 cuil. à soupe de mirin
3 cuil. à soupe d'huile de sésame
1 cuil. à café de graines de sésame
1 cuil. à soupe de gingembre frais râpé
Poivre du moulin

Matériel

Verrines

1. Rincez les feuilles de wakamé et coupez-les en fines lamelles. Épluchez les échalotes et hachez-les finement. Rincez et séchez le thon, puis émincez-le ou coupez-le en petits dés. Mélangez le thon et les échalotes.

2. Dans un bol, mélangez la sauce soja, le mirin et l'huile de sésame. Versez cette sauce sur le thon. Parsemez-le de graines de sésame, de gingembre râpé et donnez quelques tours de moulin à poivre. Mélangez et gardez au frais 30 min.

3. Montez des verrines en étalant un fond d'algues émincées, puis 1 bonne cuil. à soupe de thon mariné. Gardez au frais jusqu'au moment de servir.

CONSEIL

Vous trouverez tous ces produits dans une bonne épicerie asiatique ou rayon exotique de votre supermarché.

VARIANTES

Vous pouvez préparer de la même façon du thon blanc, du cabillaud ou de la daurade, et les servir sur un lit de mesclun ou de pousses d'épinard.

TARTARE DE LANGOUSTINES À L'ORANGE

Pour 6 personnes / 15 min de préparation

Ingrédients
1 orange navel
Une douzaine de langoustines crues
3 cuil. à soupe d'huile d'olive
½ botte de ciboulette
Sel et poivre

Matériel
Verrines

1. À l'aide d'un couteau bien aiguisé, coupez les extrémités de l'orange. Épluchez-la en retirant la membrane blanche. Avec le même couteau, incisez l'agrume jusqu'au cœur afin de retirer les quartiers : vous obtenez des suprêmes. Coupez-les en petits morceaux de 3 à 4 mm de côté.

2. Décortiquez les langoustines. Retirez la chair de la queue et incisez le dos afin de retirer le boyau noir. Coupez ensuite les langoustines en morceaux de la taille des suprêmes d'orange. Mélangez-les et assaisonnez-les d'un peu de sel, de poivre et d'huile. Répartissez le tartare dans de petits ramequins ou des verrines.

3. Émincez finement la ciboulette et saupoudrez-en le tartare. Servez aussitôt.

CONSEIL

Servez aussi de très fines tranches de pain grillé avec ce tartare.

VARIANTE

Vous pouvez réaliser la même recette avec du saumon, des crevettes ou des noix de saint-jacques.

TARTARE DE LOUP À LA POIRE ET BREBIS

Pour 6 personnes / 15 min de préparation

Ingrédients
300 g de filet de loup
1 poire
100 g de fromage de brebis
1 botte de ciboulette
1 cuil. à soupe d'huile de noix
4 cuil. à soupe d'huile d'olive
6 cuil. à café de vinaigre balsamique
Sel et poivre

Matériel
Verrines

1. Retirez la peau et les arêtes du poisson. Coupez la chair en longs bâtonnets puis détaillez-les en petits dés.

2. Épluchez la poire. Coupez-la en quartiers afin de retirer le cœur et détaillez ensuite en morceaux de la même taille que le poisson. Faites de même avec le fromage.

3. Coupez le plus finement possible la ciboulette. Mélangez-la dans un saladier avec les huiles, du sel, du poivre, le fromage, la poire et le poisson. Répartissez la préparation dans des verres ou des tasses et ajoutez 1 cuil. à café de vinaigre balsamique par tartare. Servez aussitôt.

CONSEIL

Pour cette recette, vous pouvez tout préparer à l'avance sauf la poire qui s'oxyde vite. Ajoutez donc les cubes de poire à la dernière minute.

VARIANTES

Vous pouvez réaliser cette recette avec d'autres poissons blancs comme du cabillaud, de la dorade ou du lieu jaune.

CEVICHE DE BAR AU FENOUIL

Pour 4 personnes / 20 min de préparation / 30 min de réfrigération

Ingrédients

600 g de filets de bar (sans peau ni arête)
2 bulbes de fenouil
½ citron jaune
1 pamplemousse rose
1 cuil. à café de graines de cumin
6 cuil. à soupe d'huile d'olive
Fleur de sel, poivre du moulin

Matériel

Verrines

1. Coupez les filets de bar en cubes. Lavez et émincez finement les bulbes de fenouil, mettez de côté les petites pluches vertes.

2. Pressez le demi-citron et le pamplemousse dans un saladier. Ajoutez-y l'huile d'olive et les graines de cumin. Assaisonnez et fouettez cette marinade à l'aide d'une fourchette.

3. Ajoutez les cubes de poisson et le fenouil émincé dans le saladier, mélangez le tout. Répartissez dans des verrines et placez au frais pendant 30 min. Décorez de pluches de fenouil et servez.

GRANITÉ À LA POMME VERTE ET TARTARE DE SAUMON

Pour 4 personnes / 20 min de préparation / 2 min de cuisson / 4 h de congélation

Pour le granité
2 pommes type granny-smith
Le jus de 1 citron
15 cl d'eau
150 g de sucre en poudre
5 cl de calvados (alcool de pomme)

Pour le tartare de saumon
1 échalote
Quelques brins d'aneth
300 g de saumon frais
Le jus de 1 citron
2 cuil. à soupe d'huile d'olive
Sel, poivre

Matériel
Blender
Bac à glace (ou autre bac, en métal de préférence)
Verrines

1. Préparez le granité. Épluchez et évidez les pommes. Coupez-les en fines lamelles et arrosez-les du jus de citron. Dans une petite casserole, portez l'eau et le sucre à ébullition pendant 2 min. Laissez refroidir le sirop ainsi obtenu. Assemblez le sirop, le calvados et les pommes dans le blender, puis mixez.

2. Versez la préparation dans un bac et placez au congélateur pendant 4 h, en grattant régulièrement le granité avec une fourchette de sorte à obtenir des paillettes (toutes les 30 min).

3. Préparez le tartare de saumon. Épluchez l'échalote. Dans le blender, mixez l'échalote et l'aneth. Détaillez le saumon en petits cubes. Versez le tartare de saumon dans un saladier, ajoutez le jus de citron et l'huile d'olive. Salez et poivrez. Ajoutez l'échalote et l'aneth mixés. Remuez à l'aide d'une cuillère, puis répartissez le tartare de saumon dans les verrines.

4. Au moment de servir, déposez le granité à la pomme verte sur le tartare de saumon.

GRANITÉ AU CHAMPAGNE

Pour 6 personnes / 10 min de préparation / 2 min de cuisson / 4 h de congélation

Ingrédient

10 cl d'eau
100 g de sucre en poudre
1 orange
40 cl de champagne
250 g de fraises

Matériel

Presse-agrumes
Passoire fine
Bac à glace (ou autre bac, en métal de préférence)

1. Portez l'eau et le sucre à ébullition dans une casserole pendant 2 min. Laissez refroidir le sirop ainsi obtenu. Pressez l'orange et filtrez le jus à travers la passoire. Dans un saladier, mélangez le sirop, le jus d'orange et le champagne.

2. Versez la préparation dans un bac et placez au congélateur pendant 4 h, en grattant régulièrement le granité avec une fourchette de sorte à obtenir des paillettes (toutes les 30 min).

3. Rincez et équeutez les fraises. Coupez-les en quartiers et répartissez-les dans des verres à pied. Déposez le granité sur les fraises et servez.

CONSEIL

Vous pouvez également servir ce granité avec des toasts au foie gras et des œufs de saumon.

VERRINES DE POISSON

Pour 4 personnes / 20 min de préparation / 15 min de repos

Ingrédients
2 tranches épaisses de poisson fumé (haddock)
2 pommes vertes
50 g de comté
2 petits oignons blancs avec leur tige
1 concombre
1 filet de vinaigre de cidre
1 cuil. à soupe d'huile d'olive (ou autre)
Quelques brins d'herbes fraîches (au choix)
Gros sel
Fleur de sel, poivre du moulin

Matériel
Verrines

1. Émincez le poisson. Lavez, épépinez et coupez les pommes en dés. Coupez le comté en cubes.

2. Lavez et émincez les oignons blancs ainsi que 5 cm de leur tige. Lavez et épluchez le concombre, coupez-le en dés. Faites-le dégorger avec du gros sel pendant 15 min. Rincez et réservez.

3. Dans un saladier, réunissez tous les ingrédients, assaisonnez de poivre, de fleur de sel (très légèrement), de vinaigre et d'huile.

4. Disposez dans des verrines et décorez d'herbes fraîches.

5. Servez bien frais.

SALTIMBOCCA DE LOTTE

Pour 6 personnes / 15 min de préparation / 30 min de cuisson

Ingrédients

400 g de pommes de terre
3 brins de feuilles de sauge
5 cl de crème liquide
5 cuil. à soupe d'huile d'olive
300 g de queue de lotte
4 tranches de jambon cru
10 cl de vin blanc sec
Sel et poivre

Matériel

Cure-dents
Verrines

1. Épluchez les pommes de terre et mettez-les dans une casserole d'eau froide salée avec 1 brin de sauge. Portez à ébullition et laissez cuire à feu moyen pendant 15 à 17 min : la pointe d'un couteau qui s'y enfonce ne doit rencontrer aucune résistance. Égouttez-les et passez-les au moulin à légumes muni d'une grille fine avec la crème et 4 cuil. à soupe d'huile d'olive. Vérifiez l'assaisonnement.

2. Enroulez la queue de lotte dans les tranches de jambon cru et maintenez le tout bien fermé à l'aide de cure-dents. Effeuillez la sauge restante.

3. Dans une poêle, faites revenir tous les côtés de la queue de lotte avec le reste d'huile d'olive. Quand le jambon est bien grillé, baissez le feu, versez le vin et ajoutez les feuilles de sauge. Couvrez et laissez cuire 5 min.

4. Sortez le poisson de la poêle et découpez-le en médaillons. Dans des verres ou de jolies tasses, présentez d'abord un peu de purée de pommes de terre, ajoutez un médaillon de poisson, puis un peu de sauce. Servez aussitôt.

CONSEIL

Vous pouvez enrichir votre recette en mixant des tomates confites et en étalant cette purée sur les tranches de jambon avant d'y déposer le poisson. La suite de la recette reste inchangée.

PANNA COTTA SAUMON FUMÉ ET CRÈME D'ASPERGE

Pour 4 personnes / 15 min de préparation / 30 min de réfrigération

Ingrédients

Pour la panna cotta

3 tranches de saumon fumé
40 cl de crème liquide (allégée si possible)
1 g d'agar-agar (ou 2 feuilles de gélatine)
Sel, poivre

Pour la crème d'asperge

100 g d'asperges (en bocal)
60 g de fromage frais type Philadelphia
½ cuil. à café de wasabi en poudre

Matériel

Mixeur
Verrines

1. Mixez le saumon fumé et la crème. Salez légèrement et poivrez. Versez dans une casserole et portez à ébullition avec l'agar-agar. Remuez et versez dans les verrines. Réservez au frais 30 min, le temps que la panna cotta prenne.

2. Mixez les asperges, le fromage frais et le wasabi jusqu'à obtenir un mélange bien lisse. Versez la crème dans les verrines. Laissez reposer au frais jusqu'au moment de servir.

CONSEIL

Le wasabi est une racine utilisée comme condiment dans la cuisine japonaise. Le goût est proche de celui du raifort. Vous pouvez aussi remplacer le wasabi par du piment d'Espelette.

VERRINES DE SAUMON, AVOCAT ET POMME VERTE

Pour 16 verrines / 15 min de préparation

Ingrédients

4 petites tranches de saumon fumé
1 avocat
½ pomme granny-smith
1 petit pot de crème épaisse à 3 % de MG
2 cuil. à soupe de jus de citron
1 bonne cuil. à soupe de ciboulette

Matériel

Verrines

1. Épluchez et coupez en dés l'avocat et la pomme, puis citronnez-les légèrement. Détaillez le saumon en dés.

2. Dans un saladier, mélangez la crème, le jus de citron restant, la ciboulette ciselée, l'avocat, la pomme et le saumon. Mélangez bien et disposez dans des verrines. Conservez au frais jusqu'au moment de servir.

CONSEIL

Vous pouvez réaliser vos verrines 1 h à l'avance.

VERRINES DE CŒURS DE PALMIER ET RÂPÉ DE SURIMI

Pour 6 verrines / 10 min de préparation / 1 h de réfrigération

Ingrédients

3 cœurs de palmier
1 cornichon
3 brins de persil
Quelques gouttes de vinaigre blanc
1 cuil. à café d'huile d'olive
100 g de surimi râpé
3 cuil. à café de mayonnaise
¼ de cuil. à café de curcuma en poudre

Matériel

Verrines

1. Émincez finement les cœurs de palmier, le cornichon et le persil à l'aide d'un couteau. Disposez le tout dans un bol et assaisonnez avec le vinaigre et l'huile.

2. Dans un autre bol, mélangez le râpé de surimi, la mayonnaise et le curcuma. Disposez dans les verrines 1 cuil. à soupe de chaque préparation. Conservez au frais 1 h avant le service.

CONSEIL

Les verrines peuvent se préparer 1 à 2 h avant le service, à condition de bien les couvrir de film alimentaire.

MINI-POIREAUX, ANCHOIS ET OIGNONS FRITS

Pour 6 personnes / 15 min de préparation / 25 min de cuisson

Ingrédients

2 bottes de poireaux crayons
1 cube de bouillon de volaille
100 g de parmesan
2 pincées de piment d'Espelette
1 oignon jaune
2 cuil. à soupe de farine
5 cuil. à soupe d'huile de tournesol
2 douzaines de filets d'anchois marinés
Sel et poivre

Matériel

Verrines

1. Nettoyez les poireaux et retirez la première feuille abîmée. Coupez la partie verte foncée de façon à obtenir des poireaux de même taille. Portez une casserole d'eau salée à ébullition avec le cube de bouillon et plongez-y les poireaux. Laissez cuire 10 min. Égouttez-les et coupez-les en tronçons.

2. Préchauffez le four à 190 °C (th. 6). Râpez le parmesan et mélangez-le au piment d'Espelette. Sur une plaque à pâtisserie garnie de papier sulfurisé, faites des tas de parmesan de la taille d'une cuillère à soupe. Enfournez 10 min jusqu'à ce que le fromage fonde et dore. Sortez du four, retirez la feuille de papier de la plaque et laissez refroidir.

3. Épluchez l'oignon et émincez-le finement. Passez les morceaux rapidement dans la farine. Dans une casserole, faites-les cuire avec l'huile de tournesol pendant 8 à 10 min jusqu'à ce qu'ils brunissent légèrement. Retirez-les de la casserole et disposez-les ensuite sur du papier absorbant.

4. Répartissez les poireaux dans les verrines. Ajoutez les anchois, l'huile de leur marinade, les oignons et accompagnez-les des tuiles de parmesan.

CONSEIL

Vous pouvez remplacer les anchois par des demi-œufs de caille mollets (cuits 3 min dans de l'eau bouillante). Dans ce cas, assaisonnez votre verrine avec une vinaigrette classique.

MOUSSE D'ASPERGES AUX ŒUFS DE SAUMON

Pour 6 personnes / 15 min de préparation / 8 min de cuisson

Ingrédients

3 œufs
2 feuilles de gélatine
300 g d'asperges en conserve
250 g de mascarpone
2 cuil. à soupe de crème fraîche bien épaisse
1 cuil. à soupe de graines de pavot
100 g d'œufs de saumon
Sel, poivre du moulin

Matériel

Mixeur
Verrines

1. Portez de l'eau à ébullition et plongez-y les œufs. Laissez-les durcir pendant 8 min. Rafraîchissez-les sous l'eau froide avant de les écaler. Faites ramollir les feuilles de gélatine dans un bol d'eau.

2. Égouttez les asperges et les feuilles de gélatine. Mettez-les dans le bol du mixeur. Ajoutez-y le mascarpone, la crème fraîche, les œufs durs, du sel, du poivre, et mixez.

3. Incorporez les graines de pavot au mélange obtenu et répartissez-le dans des verrines. Laissez prendre au réfrigérateur pendant 2 à 3 h. Au moment de servir, décorez la mousse avec les œufs de saumon.

CURRY DE THON

Pour 6 personnes / 10 min de préparation / 20 min de cuisson

Ingrédients

1 gousse d'ail
2 cm de racine de gingembre
1 échalote
2 pavés de thon crus
1 botte de coriandre
2 tomates roma
1 citron vert
3 cuil. à soupe d'huile d'olive
1 cuil. à café de curry fort en poudre
2 cuil. à café de sauce nuoc-mâm
10 cl de lait de coco
Sel et poivre

Matériel

Verrines

1. Épluchez et hachez finement l'ail, le gingembre et l'échalote. Coupez le thon en cubes de 2 cm de côté. Effeuillez la coriandre. Ébouillantez les tomates pendant 1 min dans une casserole d'eau. Retirez la peau et hachez-les finement. Pressez le citron vert.

2. Dans une casserole très chaude, faites revenir très rapidement les cubes de thon dans l'huile pour les faire dorer. Retirez-les de la casserole et ajoutez l'ail, le gingembre et l'échalote. Laissez cuire 2 à 3 min en remuant souvent. Ajoutez le curry, la sauce nuoc-mâm, le jus de citron vert, le lait de coco et les tomates hachées. Portez à ébullition et laissez cuire 15 min pour faire épaissir la sauce. Vérifiez l'assaisonnement.

3. Répartissez le thon dans les verrines et ajoutez les feuilles de coriandre. Couvrez de sauce et servez aussitôt.

VARIANTES

Vous pouvez réaliser la même recette avec du saumon ou de l'espadon. Vous pouvez aussi utiliser du thon au naturel en boîte. Dans ce cas-là, ne le faites pas revenir mais réalisez la sauce comme décrite dans la recette.

RAVIOLIS DE PÉTONCLES AUX CHÂTAIGNES, ESPUMA AU LARD

Pour 4 personnes / 30 min de préparation / 15 min de cuisson

Ingrédients

1 paquet de pâte de raviolis fraîche ou surgelée

Pour la farce

1 cube de bouillon
1 échalote
200 g de châtaignes pelées, en bocal
32 noix de pétoncles décoquillées
1 filet d'huile d'olive
50 g de beurre
1 pincée de sel

Espuma

150 g de lard fumé en tranches fines
40 cl de crème liquide
Sel, poivre

Matériel

Siphon
Verres

1. Préparez l'espuma au lard. Faites dorer les tranches de lard dans une poêle puis ajoutez la crème. Laissez cuire jusqu'à ébullition, coupez le feu et laissez le tout infuser pendant 15 min. Salez et poivrez. Filtrez pour retirer le lard, mettez-le de côté. Rectifiez l'assaisonnement de la crème puis laissez-la refroidir à température ambiante. Versez la crème dans un siphon, insérez une cartouche de gaz, et placez-le au réfrigérateur.

2. Préparez la farce. Dans une casserole, portez à ébullition 1 litre d'eau avec le cube de bouillon. Émincez finement le lard. Dans une poêle, faites fondre l'échalote émincée avec 1 filet d'huile d'olive et 1 pincée de sel. Ajoutez 30 g de beurre et les châtaignes, puis versez par dessus 10 cl de bouillon. Laissez bouillir jusqu'à évaporation et mélangez ensuite avec le lard émincé.

3. Dans une poêle, faites dorer à feu vif les pétoncles avec 20 g de beurre, salez.

4. Garnissez la pâte à raviolis de farce et d'un pétoncle chacun. Faites cuire les raviolis environ 2 min dans le reste de bouillon frémissant. Disposez les raviolis dans des verres et nappez d'espuma au lard.

ASTUCE

Si vous ne possédez pas de siphon, vous pouvez réaliser cette émulsion avec un mixeur plongeant.

SALADE EXPRESS DE THON AU PESTO

Pour 6 personnes / 10 min de préparation / 10 min de cuisson

Ingrédients

250 g de pâtes (fusilli) colorées
1 petit pot de sauce al pesto
200 g de thon à l'huile d'olive
1 petit pot de tomates séchées à l'huile d'olive
30 g d'amandes effilées
100 g de parmesan râpé
125 g de tomates cerise
Sel, poivre

Matériel

Verrines

1. Faites cuire les pâtes *al dente* en suivant les indications sur le paquet. Égouttez-les et rafraîchissez-les sous l'eau froide pour stopper la cuisson.

2. Versez la sauce *al pesto* dans un grand saladier, ajoutez-y le thon émietté et son huile, ainsi que les tomates coupées en petits morceaux avec leur huile.

3. Ajoutez ensuite les pâtes cuites, les amandes effilées, le parmesan, du sel et du poivre.

4. Coupez les tomates cerises en deux, mettez-en 6 de côté pour le décor, et mélangez-les aux autres ingrédients. Vérifiez l'assaisonnement et répartissez la salade dans les verrines. Décorez d'une tomate.

VARIANTES

Si vous avez plus de temps, vous pouvez préparer cette recette avec du thon frais tranché en lamelles et saisi à la poêle à peine 1 min de chaque côté. Vous pouvez également remplacer le parmesan par du gorgonzola.

2. VERRINES DU TERROIR

SOUPE DE COURGETTES ET BACON GRILLÉ

Pour 4 à 6 personnes / 15 min de préparation / 20 min de cuisson

Ingrédients

1 kg de courgettes
1 oignon
1 cube de bouillon de légumes bio + 50 cl d'eau
3 cuil. à soupe de ricotta
6 tranches de bacon
3 cuil. à soupe d'huile d'olive
Sel et poivre du moulin

Matériel

Blender
Verrines

1. Lavez et coupez les extrémités des courgettes puis pelez-les une fois sur deux pour laisser un peu de vert de la peau. Coupez-les en rondelles. Pelez et émincez l'oignon.

2. Dans une cocotte, faites suer l'oignon avec 2 cuil. à soupe d'huile d'olive et 1 pincée de sel. Une fois qu'il est translucide, ajoutez les courgettes et versez le bouillon. Salez. Portez à ébullition puis baissez le feu et laissez cuire 15 min.

3. Égouttez rapidement les courgettes avec une écumoire tout en gardant le bouillon de cuisson de côté. Mixez finement avec la ricotta et ajoutez petit à petit le bouillon jusqu'à l'obtention d'une consistance onctueuse. Rectifiez l'assaisonnement si nécessaire.

4. Dans une poêle, avec 1 cuil. à soupe d'huile d'olive, faites griller les tranches de bacon.

5. Servez la soupe accompagnée de bacon grillé.

CONSEIL

Pour obtenir une belle couleur verte, ajoutez 1 pincée de bicarbonate de soude dans le bouillon de cuisson.

TARTARE DE VEAU AUX LANGOUSTINES

Pour 4 personnes / 25 min de préparation / 20 min de réfrigération

Ingrédients
400 g de veau dégraissé (quasi, filet)
4 langoustines fraîches
2 échalotes
1 botte de ciboulette
80 g de parmesan frais
Fleur de sel, poivre du moulin

Pour la mayonnaise
1 jaune d'œuf
1 cuil. à soupe de pâte de wasabi
25 cl d'huile de pépin de raisin
Fleur de sel

Matériel
Verrines

1. Réalisez la mayonnaise au wasabi. Dans un saladier, mélangez avec un fouet le jaune d'œuf et la pâte de wasabi ; versez, en petit filet et progressivement, l'huile de pépin de raisin tout en fouettant, jusqu'à l'obtention d'une mayonnaise. Rectifiez l'assaisonnement en sel.

2. Décortiquez les langoustines et taillez la chair en petits morceaux. Découpez le veau en tout petits cubes. Épluchez les échalotes et hachez-les finement. Ciselez la ciboulette.

3. Dans un récipient, mélangez le veau, les langoustines, les échalotes, la ciboulette et la mayonnaise au wasabi. Rectifiez l'assaisonnement si nécessaire, répartissez dans des verrines et placez au réfrigérateur pendant 20 min.

4. Réalisez des copeaux de parmesan à l'aide d'un économe. Garnissez-en le tartare au moment de servir.

VARIANTE

Vous pouvez remplacer les langoustines par des gambas.

TARTARE DE VEAU

Pour 6 personnes / 15 min de préparation

Ingrédients

300 g de filet mignon de veau ou de quasi
1 échalote
½ botte de ciboulette
½ botte de cerfeuil
2 cuil. à soupe de noisettes décortiquées
75 g d'un fromage bleu sec du type bleu de Termignon ou de Gex
3 cuil. à soupe de vinaigre de framboise
1 cuil. à soupe d'huile de noisette
4 cuil. à soupe d'huile de tournesol
Sel et poivre

Matériel

Verrines

1. Coupez la viande en fines tranches. Détaillez-la ensuite en filaments de 2 mm de long puis coupez-la en petits dés. Réservez au réfrigérateur.

2. Épluchez et hachez l'échalote. Ciselez le plus finement possible la ciboulette. Effeuillez le cerfeuil. Concassez grossièrement les noisettes. Coupez le fromage en dés de la même taille que la viande.

3. Dans un saladier, mélangez tous les ingrédients de la recette ensemble. Vérifiez l'assaisonnement et répartissez le tartare dans des verrines. Servez aussitôt ou réservez au frais.

VARIANTES

Dans le même esprit, préparez un tartare de veau avec des cerises fraîches dénoyautées et coupées en petits morceaux (comptez 75 g de cerises). Ajoutez du comté et remplacez l'huile de noisette par de l'huile de noix.

TARTARE DE CHÈVRE AUX FRUITS SECS

Pour 4 personnes / 15 min de préparation

Ingrédients
4 fromages de chèvre (rocamadour, cabécou)
50 g d'abricots secs
50 g de raisins blonds
40 g de pistaches non salées
½ botte de ciboulette
2 cuil. à soupe d'huile de noisette
Poivre du moulin

1. Coupez en petits dés le fromage de chèvre et les abricots secs, déposez-les dans un récipient.

2. Ajoutez-y les raisins, les pistaches préalablement concassées au couteau et la ciboulette émincée. Assaisonnez avec un peu de poivre et l'huile de noisette, remuez bien et servez dans des verrines.

VERRINES DE FOIE GRAS À LA MANGUE ET AU CONFIT D'OIGNONS

Pour 8 verrines / 40 min de préparation / 10 min de cuisson

Ingrédients

Pour les oignons

300 g d'oignons nouveaux
2 cuil. à soupe de miel
1 cuil. à soupe de vinaigre de xérès
1 pincée de noix muscade
1 pincée de macis
Huile d'arachide
Sel, poivre du moulin

Pour la mangue

300 g de chair de mangue
1 petite échalote
1 cuil. à café de gingembre frais haché
1 pincée de piment de Cayenne en poudre
1 cuil. à soupe de sucre roux
Quelques gouttes de jus de citron
Le jus de ½ orange
250 g de foie gras cuit
Quelques feuilles de coriandre fraîche
Huile d'olive
Fleur de sel, poivre du moulin

1. Préparez le confit d'oignons. Nettoyez et coupez finement les oignons. Dans une poêle, faites-les cuire pendant 7 ou 8 min à feu moyen avec un peu d'huile. Salez, poivrez et ajoutez le miel. Faites bouillir 1 ou 2 min avant d'ajouter le vinaigre et les épices. Portez à ébullition, puis sortez du feu et laissez complètement refroidir.

2. Coupez la mangue en dés. Dans une poêle, faites revenir sans laisser colorer l'échalote pelée et hachée, dans un peu d'huile, 2 ou 3 min. Ajoutez le gingembre, le piment de Cayenne, si vous l'utilisez, et le sucre roux. Mélangez et laissez cuire 1 min environ de plus avant de verser les jus de citron et d'orange. Laissez cuire encore un instant, puis sortez du feu et laissez refroidir dans un bol.

3. Répartissez la mangue et son jus dans les verrines. Coupez le foie gras en 8 morceaux, puis déposez-les dans les verrines, sur la mangue. Poivrez un peu. Terminez les verrines en déposant un peu d'oignons cuits sur le foie, puis décorez avec un peu de coriandre. Salez légèrement à la fleur de sel et servez sans attendre.

VERRINES DE FOIE GRAS, COMPOTÉE DE POIRES ET PAIN D'ÉPICE

Pour 8 verrines / 30 min de préparation / 15 min de cuisson

Ingrédients

Pour la compotée de poires

3 petites poires épluchées, épépinées et coupées en dés

1 grosse pincée de sucre roux

1 petite poignée de raisins secs

Pour la crème de foie gras

½ bloc de foie gras

1 cuil. à soupe de mascarpone

2 cuil. à soupe de crème liquide entière

Pour la chapelure

2 tranches de pain d'épice

Matériel

Mixeur

Poche à douille

Verrines

1. Préparez la compotée de poires. Dans une casserole, faites cuire les poires avec le sucre, un peu d'eau et les raisins. Laissez compoter pendant 10 à 15 min, puis mixez le tout.

2. Pendant ce temps, préparez la crème de foie gras. Écrasez le demi-bloc de foie gras à la fourchette puis ajoutez le mascarpone et la crème. Mélangez énergiquement le tout et mettez dans la poche à douille. Placez au frais pendant 5 min.

3. Procédez au dressage des verrines. Dans le fond d'une verrine, disposez un morceau de pain d'épice, 1 cuil. à café de compotée de poires, puis la crème de foie gras.

4. Vous pouvez réaliser une chapelure de pain d'épice en faisant griller les tranches et en les passant au mixeur. Saupoudrez les verrines de cette chapelure pour la décoration. Mettez au frais jusqu'au moment de servir.

CONSEIL

Vous pouvez préparer la compotée de poires deux ou trois jours avant, et composer les verrines la veille pour le lendemain, à condition de couvrir chaque verrine de film alimentaire et de les conserver au réfrigérateur.

PANNA COTTA AU FOIE GRAS ET SON CONFIT D'OIGNONS

Pour 4 personnes / 20 min de préparation / 1 h de réfrigération

Ingrédients

Pour le confit d'oignons

3 gros oignons
50 g de sucre en poudre
3 cuil. à soupe de vinaigre balsamique
1 cuil. à soupe d'huile d'olive

Pour la panna cotta

140 g de foie gras
30 cl de crème liquide
1 g d'agar-agar (ou 2 feuilles de gélatine)
Sel, poivre

Matériel

Verrines

1. Préparez le confit d'oignons : épluchez les oignons et émincez-les finement. Faites-les revenir à feu doux dans une casserole avec l'huile d'olive jusqu'à ce qu'ils deviennent translucides.

2. Saupoudrez de sucre et versez le vinaigre balsamique. Remuez et laissez cuire 10 min à feu vif jusqu'à ce que le vinaigre s'évapore. Couvrez la casserole et laissez cuire à feu très doux pendant 1 h. Remuez de temps en temps. Versez le confit d'oignons dans un bocal.

3. Préparez la panna cotta : coupez le foie gras en petits morceaux et laissez-le fondre dans la crème liquide pendant quelques minutes à feu doux. Salez légèrement et poivrez. Ajoutez l'agar-agar et portez à ébullition quelques secondes avant de verser dans les verrines. Laissez les verrines prendre au frais pendant 1 h. Posez 1 cuil. à soupe de confit d'oignons sur chaque verrine au moment de servir.

CONSEIL

S'il y a quelques petits grumeaux dans la panna cotta, vous pouvez la filtrer au travers d'une passoire avant de la verser dans les verrines.

ŒUFS COCOTTE AU FOIE GRAS

Pour 6 personnes / 10 min de préparation / 15 min de cuisson

Ingrédients

180 g de bloc de foie gras de canard
6 gros œufs
200 g de crème fraîche épaisse
40 g de beurre
Sel, poivre du moulin

Matériel

6 ramequins

1. Préchauffez le four à 180 °C (th. 6). Beurrez le fond et le bord de 6 ramequins allant au four. Répartissez au fond de chacun d'eux le foie gras coupé en dés.

2. Ajoutez 1 œuf par ramequin en veillant à ne pas casser le jaune et 1 belle cuillerée de crème. Salez légèrement et poivrez. Enfournez pour 15 min de cuisson.

3. Sortez les œufs cocotte du four et servez-les aussitôt, accompagnés de mouillettes de pain de campagne ou de pain d'épice si vous appréciez les mets sucrés-salés.

PETITS FLANS AU FOIE GRAS AU MONBAZILLAC

Pour 6 à 8 flans / 15 min de préparation / 1 h de cuisson / 2 h de réfrigération

Ingrédients
25 cl de crème liquide
25 cl de lait entier
200 g de foie gras cru
2 œufs
10 cl de monbazillac
60 g de raisins secs blonds
50 g de cacahuètes salées
Sel, poivre du moulin

Matériel
6 à 8 pots à flan
Mixeur

1. Portez à ébullition le lait et la crème. Ajoutez le foie gras cru, mixez, puis filtrez la crème au travers d'une passoire fine. Salez, poivrez et réfrigérez 2 h. Pendant ce temps, faites macérer les raisins blonds dans le monbazillac.

2. Préchauffez le four à 150 °C (th. 5). Battez les œufs entiers et ajoutez-les à la crème. Répartissez les raisins blonds dans le fond de pots individuels pouvant aller au four. Ajoutez la crème au foie gras jusqu'à 0,5 cm du bord. Placez les pots dans un plat à bords hauts. Versez de l'eau chaude à mi-hauteur des pots et enfournez pour 45 min de cuisson.

3. Vérifiez que les crèmes sont prises et sortez-les du four. Placez-les au réfrigérateur pour quelques heures.

4. Au moment de servir, couvrez la surface des flans d'un peu de cacahuètes salées que vous aurez grossièrement concassées et servez aussitôt, accompagné de tranches de pain de campagne toastées.

MAGRETS ROULÉS ET BETTERAVES BLANCHES À LA NOISETTE

Pour 6 personnes / 20 min de préparation / 1 h de cuisson

Ingrédients
3 belles betteraves blanches
3 noisettes concassées
1 cuil. à café de miel
2 cuil. à soupe de vinaigre de xérès
2 cuil. à soupe d'huile de noisette
1 cuil. à soupe d'huile d'olive
Sel, poivre

Pour les roulés
12 tranches de magret de canard en salaison

Matériel
Verrines
Piques en bois

1. Faites cuire les betteraves dans de l'eau bouillante salée pendant 1 h environ, jusqu'à ce qu'elles deviennent bien tendres. Laissez refroidir, puis pelez-les et coupez-les en dés.

2. Préparez la vinaigrette en mélangeant le miel, le vinaigre de xérès, l'huile de noisette et l'huile d'olive. Salez, poivrez et mélangez.

3. Assaisonnez les betteraves et parsemez de noisettes concassées. Répartissez la préparation dans des verrines.

4. Préparez les roulés : ciselez les brins de ciboulette et mélangez-les au fromage frais et aux noisettes concassées. Salez et poivrez. Garnissez les tranches de magret de canard du mélange et roulez-les. Faites tenir avec une pique en bois.

5. Présentez les verrines accompagnées des roulés posés dessus ou à côté, selon leur taille.

VARIANTES

Utilisez des tranches de jambon de Parme, de dinde, etc. La betterave blanche a un délicat goût de noisette, mais vous pouvez plus facilement trouver de la betterave rouge.

VERRINES FRAÎCHEUR

Pour 4 verrines / 15 min de préparation / 2 min de cuisson

Ingrédients

2 poignées de salade
2 pétales de tomate séchée
3 abricots secs
½ poire
1 cuil. à soupe de pignons de pin
2 tranches de jambon cru
1 cuil. à café de pesto roquette et noix
1 cuil. à soupe de vinaigre de xérès
2 cuil. à soupe d'huile d'olive
Quelques copeaux de parmesan

Matériel

Verrines

1. Dans un saladier, mélangez la salade. Coupez en dés les pétales de tomate séchée, les abricots et la demi-poire. Ajoutez-les à la salade ainsi que les pignons de pin. Entre deux feuilles de papier absorbant, disposez les tranches de jambon cru et mettez au four à micro-ondes 2 min. Découpez les tranches en morceaux et disposez-les sur la salade.

2. Préparez la vinaigrette. Dans un bol, mélangez le pesto de roquette et noix avec le vinaigre de xérès et l'huile d'olive. Mélangez bien et versez sur la salade. Ajoutez quelques copeaux de parmesan, mélangez et disposez dans les verrines.

CONSEIL

Vous pouvez préparer la salade et la vinaigrette à part quelques heures à l'avance et servir au dernier moment.

VERRINES POIRE, ROQUEFORT ET JAMBON CRU

Pour 12 verrines / 20 min de préparation / 5 min de cuisson / 1 h de réfrigération

Ingrédients

3 poires
2 cuil. à café de sucre en poudre
½ cuil. à soupe d'huile d'olive
½ roquefort
10 cuil. à soupe de crème liquide entière
6 tranches de jambon cru

Matériel

Mixeur
Verrines

1. Épluchez et épépinez les poires. Faites chauffer l'huile dans une poêle et faites-y compoter les poires avec le sucre pendant 5 min. Réservez sur une assiette.

2. Coupez en morceaux le roquefort, disposez ces derniers dans le mixeur avec la crème et mixez jusqu'à l'obtention d'une préparation homogène. Coupez le jambon cru en morceaux.

3. Dans les verrines, disposez les poires, 2 cuil. à café de crème de roquefort et parsemez de jambon cru. Mettez au frais 1 h avant de servir.

CONSEIL

Les verrines peuvent se préparer le matin pour le soir.

CHUTNEY DE FIGUES AUX CROUSTILLANTS DE PARME

Pour 6 personnes / 40 min de préparation / 1 h de cuisson

Ingrédients

Pour le chutney

300 g de figues sèches
1 sachet de thé
2 cuil. à soupe d'huile d'arachide
2 gros oignons
100 g de sucre
20 cl de vinaigre de cidre
½ cuil. à café de gingembre
½ cuil. à café de cannelle
¼ cuil. à café de noix muscade râpée
3 clous de girofle
Sel fin, poivre du moulin

Pour les croustillants

1 rouleau de pâte feuilletée
1 œuf
1 cuil. à soupe de graines de sésame
1 cuil. à soupe de graines de pavot
6 tranches de jambon de Parme bien larges et fines

1. Lavez et séchez les figues. Portez à ébullition 30 cl d'eau. Faites-y infuser le sachet de thé pendant 2 min. Retirez le sachet. Plongez les figues dans le thé et laissez-les gonfler pendant 20 min. Égouttez-les. Coupez-les en petits morceaux.

2. Mettez l'huile à chauffer dans une sauteuse. Pelez et hachez finement les oignons. Faites-les cuire dans l'huile pendant 3 min. Arrosez-les de 3 cuil. à soupe de thé. Laissez mijoter, à feu doux, pendant 10 min.

3. Ajoutez le sucre et les figues dans la sauteuse. Laissez cuire pendant 5 min, en remuant l'ensemble, puis versez le vinaigre et toutes les épices. Salez, mélangez et laissez mijoter pendant 50 min, en surveillant la cuisson et en ajoutant du liquide si nécessaire. Puis retirez les clous de girofle et laissez refroidir.

4. Préparez les croustillants. Préchauffez le four à 210 °C (th. 7). Déroulez la pâte feuilletée et découpez-y des bandelettes de 1 cm sur 10 cm. Badigeonnez-les d'œuf battu et parsemez-les de sésame et/ou de pavot. Enfournez-les pour 10 min, jusqu'à ce qu'elles commencent à brunir. Laissez refroidir.

5. Pendant ce temps, découpez chaque tranche de jambon en trois dans le sens de la longueur et enroulez-les autour des croustillants.

6. Répartissez le chutney dans les verres et plantez-y 3 croustillants de parme juste avant de servir.

POIVRONS MARINÉS AU THYM ET COPPA

Pour 6 personnes / 15 min de préparation / 30 min de cuisson / 3 h de réfrigération

Ingrédients

2 poivrons rouges
2 poivrons jaunes
2 grosses gousses d'ail
3 belles branches de thym
3 cuil. à soupe d'huile d'arachide (ou mélange de 4 huiles)
12 à 18 fines tranches de coppa
Sel, poivre

Matériel

Papier d'aluminium
Verrines

1. Préchauffez le four à 210 °C (th. 7). Lavez et essuyez les poivrons. Faites-les griller sur la plaque du four, environ 15 min de chaque côté. Puis laissez-les reposer environ 15 min, emballés dans une feuille de papier d'aluminium. Il sera plus facile de les éplucher.

2. Épépinez et pelez les poivrons, puis taillez-les en lanières. Rangez une première couche de poivrons dans une terrine et recouvrez-les d'une couche d'ail écrasé, de sel, de poivre, de thym émietté et d'un filet d'huile. Répétez l'opération sous forme de couches successives.

3. Réservez le plat au réfrigérateur, pendant 3 h, pour que les poivrons marinent.

4. Dressez les verrines en étalant des couches de lanières de poivrons et les tranches de coppa d'une manière harmonieuse.

PURÉE DE CÉLERI, PIGNONS DE PIN ET CHIPS DE JAMBON

Pour 6 personnes / 20 min de préparation / 40 min de cuisson

Ingrédients
1 gousse d'ail
1 petite boule de céleri
1 l de lait frais entier
2 cuil. à soupe de riz blanc
50 g de beurre
3 tranches de jambon cru
1 cuil. à soupe de pignons de pin
Sel et poivre

Matériel
Moulin à légumes
Verrines

1. Épluchez la gousse d'ail et le céleri. Coupez-les en morceaux et disposez-les dans une casserole avec le lait, du sel et du poivre. Couvrez d'eau froide et portez à ébullition. Ajoutez le riz et laissez cuire 15 min. Égouttez le céleri et passez-le au moulin à légumes muni d'une grille fine. Ajoutez le beurre et vérifiez l'assaisonnement.

2. Préchauffez le four à 120 °C (th. 4). Coupez le jambon en larges tronçons et mettez-les sur une feuille de papier sulfurisé. Enfournez pendant 20 min : la couleur du jambon doit foncer et celui-ci doit devenir brillant. Sortez du four.

3. Dans une poêle, faites revenir les pignons de pin sans matière grasse jusqu'à ce qu'ils soient dorés.

4. Répartissez la purée de céleri dans de jolies tasses ou des verrines, ajoutez les pignons de pin et les chips de jambon. Servez aussitôt.

CONSEIL

Pour adoucir le goût du céleri, vous pouvez ajouter sur la purée une fine couche de yaourt à la grecque mélangé à un peu de jus de citron.

VARIANTE

Vous pouvez remplacer les pignons par des amandes effilées ou des noisettes concassées.

3 VERRINES VÉGÉTARIENNES

GASPACHO ANDALOU

Pour 8 personnes / 20 min de préparation / 2 h de repos

Ingrédients
1 concombre épluché
1 kg de tomates
1 poivron rouge émincé
1 oignon nouveau
1 gousse d'ail hachée
100 g de pain rassis
2 cuil. à soupe de vinaigre
3 cuil. à soupe d'huile d'olive
6 gouttes de Tabasco
Sel, poivre
Quelques glaçons

1. Retirez les pédoncules des tomates et incisez-les. Mettez-les dans un grand saladier, et versez dessus de l'eau bouillante. Laissez ainsi pendant 1 min, puis videz l'eau et passez-les sous l'eau froide. Épluchez les tomates.

2. Mixez le pain rassis et tous les légumes jusqu'à obtention d'une purée liquide. Versez ce gaspacho dans un grand saladier et ajoutez le vinaigre, l'huile d'olive, le Tabasco, salez et poivrez. Déposez 6 à 8 glaçons à la surface et laissez reposer au frais.

VELOUTÉ DE COURGETTES

Pour 8 personnes / 20 min de préparation / 25 min de cuisson

1 kg de courgettes émincées
100 g de fromage de chèvre sec
2 oignons blancs hachés
2 gousses d'ail hachées
100 g d'olives noires dénoyautées et hachées
10 cl de crème fraîche
2 tablettes de bouillon de volaille
Sel, poivre

1. Dans une grande casserole, mettez 50 cl d'eau, les courgettes, les oignons, l'ail, du sel, du poivre et le bouillon. Portez à ébullition et laissez cuire 15 min.

2. Égouttez les légumes, et réservez le bouillon. Passez les courgettes au moulin à légumes, ajoutez la crème fraîche, puis versez petit à petit le bouillon pour obtenir la texture que vous souhaitez. Laissez refroidir et saupoudrez de miettes d'olives et de fromage de chèvre en petits morceaux.

SOUPE DE TOMATES AU FROMAGE FRAIS ET VANILLE

Pour 4 personnes / 15 min de préparation

Ingrédients

400 g de tomates cœur-de-bœuf
¼ de concombre
1 petite tranche de pain de campagne
1 cuil. à soupe de vinaigre de xérès
5 cl d'huile d'olive
1 gousse de vanille
2 petits-suisses
1 quartier de citron vert
Sel et poivre

Matériel

Mixeur
Verrines

1. Retirez le pédoncule des tomates et ébouillantez-les dans une casserole pendant 1 min afin de retirer la peau. Épluchez le concombre. Coupez-le en gros morceaux ainsi que les tomates et disposez-les dans le bol d'un mixeur. Ajoutez le pain, le jus du citron vert, le vinaigre, l'huile, du sel, du poivre et 10 cl d'eau froide. Actionnez votre robot et laissez-le tourner jusqu'à ce que votre soupe soit homogène. Passez-la alors au moulin à légumes. Vérifiez l'assaisonnement et laissez reposer au réfrigérateur avant de servir.

2. Coupez la gousse de vanille en deux dans le sens de la longueur et retirez les graines à l'aide de la pointe d'un couteau. Dans un bol, mélangez les petits-suisses avec les graines de vanille.

3. Répartissez la soupe dans de jolies tasses ou des verres et versez dessus quelques touches de petits-suisses. Gardez au frais ou servez aussitôt.

VARIANTE

Remplacez la vanille par du vinaigre balsamique. Pour cela, faites réduire 15 cl de vinaigre aux trois quarts dans une casserole de façon à obtenir un sirop épais. Préparez et servez votre soupe, puis ajoutez des gouttes de ce sirop juste avant de servir.

SOUPE DE CAROTTE ET CHANTILLY AU THYM

Pour 6 personnes / 20 min de préparation / 25 min de cuisson

Ingrédients

½ petit poireau
1 gousse d'ail
1 petite pomme de terre
1 botte de carottes
1 cube de bouillon de volaille
10 cl de crème fraîche épaisse
1 cuil. à café de fleur de thym
Sel et poivre

Matériel

Mixeur plongeant ou moulin à légumes
Batteur électrique
Verrines

1. Retirez le vert des poireaux. Épluchez l'ail, la pomme de terre et les carottes. Coupez-les tous en gros morceaux. Disposez-les dans une grande cocotte avec le cube de bouillon et couvrez d'eau. Salez et poivrez, puis portez à ébullition et laissez cuire 25 min.

2. À l'aide d'un mixeur plongeant ou d'un moulin à légumes muni d'une grille fine, passez votre soupe et vérifiez-en l'assaisonnement.

3. Montez la crème fraîche en chantilly à l'aide d'un batteur. Lorsqu'elle est bien épaisse, assaisonnez-la avec un peu de sel, de poivre et de fleur de thym.

4. Répartissez la soupe dans de jolies tasses, des verres ou des bols et ajoutez une grosse cuillerée à soupe de chantilly au thym.

VARIANTE

Vous pouvez remplacer le thym par une pointe d'épices tandoori ou une dose de safran en poudre.

SOUPE DE FÈVES AU CITRON, CORIANDRE ET MENTHE

Pour 4 personnes / 15 min de préparation / 20 min de cuisson

Ingrédients
1 échalote
1 petite gousse d'ail
2 cm de racine de gingembre frais
½ blanc de poireau
2 cuil. à soupe d'huile d'olive
400 g de fèves écossées fraîches
1 cube de bouillon de volaille
½ botte de menthe
½ botte de coriandre
1 citron vert
1 yaourt à la grecque
Sel et poivre

Matériel
Mixeur
Moulin à légumes
Verrines

1. Épluchez et hachez l'échalote, l'ail et le gingembre. Nettoyez et émincez le blanc de poireau.

2. Dans une poêle, faites revenir le tout dans l'huile d'olive chaude pendant 4 à 5 min. Ajoutez les fèves, le cube de bouillon de volaille et couvrez d'eau. Portez à ébullition et laissez cuire 10 à 15 min. Les fèves doivent être fondantes. Coupez le feu et mixez longuement la soupe. Passez ensuite au moulin à légumes et vérifiez l'assaisonnement. Laissez refroidir.

3. Effeuillez et hachez grossièrement la menthe et la coriandre. Dans un bol, mélangez le jus du citron avec le yaourt.

4. Répartissez la soupe dans de jolies tasses, des verres ou des bols et déposez un peu de yaourt au citron dessus. Saupoudrez d'herbes et servez aussitôt.

CONSEIL

Vous pouvez remplacer les fèves par du brocoli, des petits pois ou des haricots verts. Dans ce cas, ajoutez aussi une pomme de terre.

SOUPE D'ÉPINARDS AU FROMAGE QUI RIT

Pour 4 à 6 personnes / 15 min de préparation (hors bouillon) / 15 à 20 min de cuisson

Ingrédients
700 g d'épinards
2 échalotes
2 cubes de bouillon de volaille bio + 1,5 l d'eau
10 portions de Vache Qui Rit
2 cuil. à soupe d'huile d'olive
Sel et poivre du moulin

Matériel
Blender
Verrines

1. Lavez les épinards à grande eau puis égouttez-les. Pelez et émincez les échalotes. Dans une cocotte, faites suer les échalotes dans l'huile d'olive avec 1 pincée de sel. Une fois qu'elles sont translucides, ajoutez les épinards, poursuivez la cuisson 4 à 5 min puis versez le bouillon de légumes. Portez à ébullition puis laissez cuire 15 min à feu doux, sans couvrir.

2. Égouttez rapidement les épinards avec une écumoire tout en gardant le bouillon de cuisson de côté. Mixez finement avec les portions de fromage et versez lentement le bouillon jusqu'à l'obtention d'une consistance onctueuse. Rectifiez l'assaisonnement si nécessaire et servez chaud dans des verrines.

TOMATES-MOZZARELLA, MOUSSE DE BASILIC

Pour 4 personnes / 20 min de préparation / 2 h de réfrigération

Ingrédients

1 grosse boule de mozzarella di buffala
4 tomates cœur-de-bœuf bien fermes
12 feuilles de basilic
4 cuil. à soupe d'huile d'olive
Sel, poivre

Pour la mousse

30 feuilles de basilic
100 g de mascarpone
15 cl de crème liquide
1 cuil. à soupe d'huile d'olive
Le jus de ½ citron
Sel, poivre

Matériel

Mixeur
Siphon
Verrines

1. Préparez la mousse. Lavez les feuilles de basilic et placez-les dans le bol du mixeur avec le mascarpone, l'huile d'olive, le jus de citron, du sel et du poivre. Mixez longuement, ajoutez la crème liquide, puis filtrez le tout au travers d'une passoire fine. Mélangez bien et versez dans le siphon. Fermez-le, vissez une cartouche de gaz et secouez vivement. Placez au réfrigérateur pendant au moins 2 h.

2. Lavez les tomates et les feuilles de basilic. Coupez les tomates en rondelles et ciselez finement le basilic. Détaillez la mozzarella en fines rondelles, puis en demi-rondelles.

3. Disposez dans 4 verrines 1 ou 2 rondelles de tomates, parsemez de basilic, salez et poivrez. Posez dessus 2 ou 3 demi-rondelles de mozzarella, salez et poivrez. Continuez à faire des couches jusqu'aux trois quarts des verres. Versez 1 cuil. à soupe d'huile d'olive dans chaque verre et laissez reposer au réfrigérateur pendant 1 h.

4. Au moment de servir, finissez de remplir les verres avec la mousse de basilic. Servez sans attendre.

TIRAMISU AU PARMESAN SUR LIT DE RATATOUILLE

Pour 4 personnes / 20 min de préparation / 30 min de cuisson

Ingrédients

Pour le crumble

100 g de farine
50 g de beurre
50 g de parmesan

Pour la ratatouille

1 oignon
1 courgette
2 tomates
½ poivron rouge
Quelques pincées d'herbes de Provence
1 cuil. à soupe d'huile d'olive
Sel, poivre

Pour le tiramisu

2 œufs
50 g de parmesan râpé
150 g de mascarpone
1 pincée de sel

Matériel

Verrines

1. Préchauffez le four à 180 °C (th. 6). Préparez le crumble : mélangez la farine, le beurre et le parmesan jusqu'à l'obtention d'une consistance sableuse. Disposez-le sur une plaque de four recouverte de papier sulfurisé. Enfournez pour 15 min, afin qu'il soit bien doré.

2. Préparez la ratatouille : pelez l'oignon, la courgette et coupez-les en petits morceaux, ainsi que les tomates et le poivron. Dans une poêle, faites revenir l'oignon puis le poivron dans l'huile d'olive. Laissez cuire 5 min et ajoutez la courgette. Laissez mijoter 10 min. Ajoutez enfin les tomates. Saupoudrez le tout d'herbes de Provence.

3. Préparez le tiramisu : cassez les œufs et séparez les blancs des jaunes. Fouettez les jaunes d'œufs avec le parmesan et le mascarpone. Montez les blancs en neige bien ferme avec le sel. Ajoutez-les délicatement à la crème au mascarpone. Réservez.

4. Disposez la ratatouille tiède dans le fond des verrines, recouvrez d'une couche de tiramisu et saupoudrez de crumble. Servez immédiatement.

TABOULÉ DE QUINOA

Pour 6 personnes / 15 min de préparation / 15 min de cuisson

Ingrédients
200 g de quinoa
½ botte de menthe
½ botte de coriandre
2 cuil. à soupe de pignons de pin
2 cuil. à soupe de raisins secs
200 g de tomates cerise
50 g de piquillos ou de poivrons grillés en conserve
1 oignon nouveau
2 petits concombres
½ citron
6 cuil. à soupe d'huile d'olive
Sel et poivre

Matériel
Verrines

1. Faites cuire le quinoa selon ce qui est indiqué sur le paquet.

2. Effeuillez et hachez grossièrement la menthe et la coriandre. Dans une poêle, faites revenir les pignons de pin sans matière grasse. Dès qu'ils commencent à colorer, retirez-les de la poêle et mélangez-les avec les raisins, puis avec le quinoa.

3. Nettoyez et coupez les tomates cerise en quatre. Coupez les piquillos en petits dés. Nettoyez et hachez finement l'oignon nouveau. Épluchez les concombres, coupez-les en deux, retirez les graines, puis détaillez-les en petits dés. Pressez le demi-citron.

4. Ajoutez les tomates, le concombre, les herbes et l'oignon au quinoa. Assaisonnez avec l'huile d'olive, le jus de citron, du sel et du poivre. Répartissez le taboulé dans de jolies tasses ou des verrines, servez immédiatement ou réservez au frais.

CONSEILS

Vous pouvez ajouter, dans votre taboulé, une petite courgette. Pour cela, retirez-en les graines et coupez-la en petits morceaux, mais ne la faites pas cuire. Par ailleurs, vous pouvez aussi ajouter des copeaux de parmesan et de petits morceaux d'anchois.

VERRINES DE CAROTTES AU CUMIN

Pour 6 verrines / 15 min de préparation / 10 min de cuisson

Ingrédients

400 g de carottes
3 brins de coriandre
2 gousses d'ail
1 cuil. à soupe de cumin
Le jus de ¼ de citron
3 cuil. à soupe d'huile d'olive
1 cuil. à soupe de crème
Sel, poivre

Matériel

Verrines

1. Épluchez les carottes, lavez-les et coupez-les finement en rondelles. Mettez-les dans une casserole d'eau froide salée et faites-la chauffer. Lorsque l'eau bout, comptez environ 10 min de cuisson, jusqu'à ce que les carottes soient tendres.

2. Pendant ce temps, coupez finement les feuilles de coriandre, émincez l'ail et mélangez-les dans un petit bol. Lorsque les carottes sont cuites, égouttez-les dans une passoire puis versez-les délicatement dans un saladier, ajoutez le mélange de coriandre et d'ail, ainsi que le cumin. Arrosez de jus de citron et d'huile d'olive. Salez et poivrez. Couvrez d'un film alimentaire et laissez refroidir pendant au moins 1 h.

3. Lorsque les carottes sont froides, ajoutez la crème et mélangez délicatement. Répartissez les carottes dans chaque verrine et servez.

CONSEIL

Ajoutez un peu de coriandre hachée pour décorer.

SPAGHETTIS DE COURGETTES AUX TOMATES SÉCHÉES

Pour 6 personnes / 20 min de préparation / 2 min de cuisson

Ingrédients
4 courgettes
1 petit oignon
2 tomates
1 cuil. à café de miel
3 cuil. à soupe de vinaigre de vin rouge
3 cuil. à soupe d'huile de tournesol
1 pincée de gingembre
200 g de tomates séchées à l'huile d'olive
25 g de pignons de pin
Sel, poivre

Matériel
Verrines

1. Brossez et lavez les courgettes sans les éplucher. Éliminez-en les extrémités et, à l'aide d'un couteau économe, détaillez-les en spaghettis moyens.

2. Portez à ébullition une casserole d'eau salée et plongez-y les spaghettis pendant 2 min, juste pour les ramollir. Passez-les sous l'eau froide et égouttez-les soigneusement.

3. Épluchez l'oignon et lavez les tomates. Hachez-les finement et mettez-les dans un grand saladier. Ajoutez-y le miel, le vinaigre, l'huile, du sel, du poivre et parfumez avec le gingembre. Mélangez.

4. Égouttez les tomates séchées, coupez-les si elles sont trop grosses et ajoutez-les au contenu du saladier.

5. Ajoutez enfin les spaghettis de courgettes et les pignons de pin, mélangez et répartissez la préparation dans 6 verres. Servez frais.

VARIANTES

Vous pouvez remplacer les pignons de pin par 1 cuil. à soupe de graines de pavot ou de sésame, ou un mélange des deux.

VERRINES DUO DE CHOU-FLEUR ET BETTERAVE

Pour 10 verrines / 20 min de préparation / 10 min de cuisson

Ingrédients
250 g de chou-fleur
250 g de betterave cuite
1 petit-suisse
1 cuil. à soupe de persil
1 pincée de cumin en poudre
1 cuil. à soupe de ricotta
2 cuil. à soupe de crème liquide
1 cuil. à café de jus de citron
4 pincées de curry en poudre
1 cuil. à soupe de ciboulette hachée + pour la décoration
1 cuil. à soupe de graines de sésame noir
Sel

Matériel
Mixeur
Verrines

1. Faites bouillir une casserole d'eau et faites cuire le chou-fleur 10 min. Égouttez-le et laissez-le refroidir.

2. Dans le bol du mixeur, placez la betterave, le petit-suisse, le persil et le cumin puis mixez jusqu'à ce que la préparation soit lisse. Transvasez la préparation dans un bol et réservez-la au frais.

3. Quand le chou-fleur est refroidi, placez-le dans le bol du mixeur avec la ricotta, la crème, le jus de citron, le curry, du sel et la ciboulette. Mixez le tout jusqu'à l'obtention d'une préparation lisse.

4. Dans des verrines, disposez une couche de crème à la betterave puis la crème au chou-fleur. Pour la décoration, parsemez de graines de sésame noir et de ciboulette ciselée. Conservez au frais jusqu'au moment de servir.

CONSEIL

Les verrines peuvent se préparer la veille, à condition de les protéger avec du film alimentaire et de les conserver au frais.

MOUSSE DE POTIMARRON ET SA CHANTILLY AU CUMIN

Pour 6 personnes / 30 min de préparation / 20 min de cuisson / 6 h de réfrigération

Ingrédients
300 g de potimarron
1 carotte
25 cl de lait
1 pointe de noix muscade en poudre
1 pointe de cannelle en poudre
2 œufs
Sel, poivre

Pour la crème Chantilly
25 cl de crème liquide
1 glaçon
1/2 cuil. à café de cumin en poudre
Sel, poivre

Matériel
Mixeur
Verrines

1. Rincez le potimarron, épépinez-le, puis coupez-le en dés (en conservant la peau). Épluchez la carotte et coupez-la en rondelles.

2. Dans une casserole, versez le lait et ajoutez-y les dés de potimarron et les rondelles de carotte. Assaisonnez avec la muscade, la cannelle, du sel et du poivre, puis faites cuire le tout pendant 15 min à feu doux. Une fois la cuisson terminée, mixez les légumes afin d'obtenir un mélange homogène, puis réservez.

3. Séparez les blancs des jaunes d'œufs. Dans un saladier, fouettez les jaunes en omelette puis, dans un autre récipient, battez les blancs en neige.

4. Remettez sur feu doux les légumes mixés, puis ajoutez les jaunes d'œufs en mélangeant constamment. Incorporez ensuite les blancs battus en neige. Laissez alors refroidir la mousse hors du feu, tout en battant de temps en temps pour éviter la formation d'une peau. Répartissez la mousse dans des verrines et placez-les au réfrigérateur pendant au moins 6 h.

5. Fouettez la crème liquide avec le glaçon afin d'obtenir une chantilly. Salez, poivrez et ajoutez le cumin. Surmontez chaque verrine d'une spirale ou de 1 cuil. de chantilly. Saupoudrez de cumin et servez.

VARIANTES

Préparez une mousse mi-potimarron mi-châtaigne et remplacez le cumin par du safran ou du curry.

PURÉE DE BETTERAVES ET D'AVOCATS AU TAHINÉ

Pour 6 personnes / 20 min de préparation

Ingrédients

2 grosses betteraves cuites
2 avocats bien mûrs
1 citron
2 gousses d'ail
2 yaourts
4 cuil. à soupe de tahiné (pâte de sésame)
1 cuil. à soupe de persil plat haché
1/2 cuil. à café de piment en poudre
1 cuil. à soupe de coriandre hachée
1 cuil. à soupe de graines de sésame blanches
Sel

Matériel

Verrines

1. Pressez le citron. Épluchez et écrasez l'ail. Épluchez les betteraves et réduisez-les en une fine purée.

2. Mélangez les betteraves avec les yaourts, la moitié du tahiné, la moitié du jus de citron et une pointe d'ail. Salez et ajoutez le persil.

3. Épluchez les avocats et éliminez les noyaux. Mettez la chair dans un bol, arrosez du jus de citron restant et de 2 cuil. à soupe d'eau, puis écrasez à la fourchette. Ajoutez le reste du tahiné et d'ail. Salez, ajoutez le piment et la coriandre, puis mélangez.

4. Dressez les verrines en étalant une première couche de betterave, puis une couche de crème d'avocats, puis de nouveau une couche de betterave. Décorez de graines de sésame et réservez au frais jusqu'au moment de servir.

4. VERRINES EXOTIQUES

BOUILLON DE LÉGUMES AU COCO

Pour 6 personnes / 20 min de préparation / 15 min de cuisson

Ingrédients
50 cl de bouillon de légumes
1 racine de gingembre de 10 cm
1 gousse d'ail
2 échalotes
½ bouquet de coriandre
1 tige de citronnelle
250 g de tofu
1 pointe de coriandre en poudre
30 cl de lait de coco
2 cuil. à soupe de sauce soja
1 pointe de curcuma
Sel, poivre

Matériel
Verrines

1. Pelez et râpez la racine de gingembre. Épluchez et hachez très finement l'ail et les échalotes. Équeutez et ciselez la coriandre et la tige de citronnelle. Coupez le tofu en petits dés.

2. Versez le bouillon de légumes dans une casserole, ajoutez le gingembre, l'ail, l'échalote, la citronnelle et la coriandre en poudre. Portez à ébullition, puis faites cuire à petit feu pendant 10 min.

3. Allongez le bouillon avec le lait de coco et la sauce soja. Ajoutez les dés de tofu, puis le curcuma, la coriandre fraîche ciselée, du sel et du poivre si nécessaire. Faites simplement réchauffer le tout.

4. Répartissez le bouillon et le tofu dans des verrines et servez bien chaud.

CONSEIL

Il existe deux sortes de tofu : le soyeux fondant ou le ferme qui tient bien à la cuisson. Très riche en protéines, il se conserve au frais jusqu'à son utilisation. Pour cette recette, vous pouvez tout aussi bien utiliser l'un que l'autre.

VARIANTES

Ajoutez des germes de soja frais ou remplacez le tofu par des miettes de crabe.

ŒUFS BROUILLÉS À LA NORDIQUE

Pour 6 personnes / 15 min de préparation / 5 min de cuisson

Ingrédients

100 g de saumon fumé
4 œufs
5 brins d'aneth
5 brins de ciboulette
15 cl de lait
20 g de beurre
15 cl de crème liquide
50 g d'œufs de saumon
½ citron
Sel, poivre

Matériel

Verrines

1. Coupez le saumon en petits morceaux. Rincez et ciselez l'aneth et la ciboulette. Cassez les œufs dans un petit bol. Battez-les avec le lait, du sel et du poivre.

2. Faites chauffer le beurre dans une petite sauteuse ou une casserole et versez les œufs. Mélangez continuellement à petit feu ou, mieux, au bain-marie, pour brouiller les œufs pendant 2 à 3 min.

3. Ajoutez le saumon fumé et la moitié de l'aneth et de la ciboulette. Ôtez du feu et versez dans des verrines.

4. Mélangez la crème liquide avec le reste des herbes ciselées, salez très peu, poivrez et ajoutez quelques gouttes de citron. Ajoutez les œufs de saumon et mélangez délicatement pour ne pas les casser.

5. Recouvrez les œufs brouillés de crème, ajoutez 1 petite tranche de citron et servez.

CONSEIL

Servez avec des mouillettes de pain de mie toasté.

VARIANTES

Remplacez le saumon fumé par de l'anguille fumée ou des crevettes.

POIS CHICHES ET CAROTTES À L'ORIENTALE

Pour 6 personnes / 20 min de préparation / 20 min de cuisson / 12 h de réfrigération

Ingrédients
250 g de pois chiches cuits
2 belles carottes
30 g de raisins secs
1 oignon
½ botte de persil plat
1 pointe de clou de girofle moulu
1 pointe de cannelle en poudre
1 pointe de cumin en poudre
1 cuil. à café de sucre en poudre
3 cuil. à soupe d'huile d'olive
Sel, poivre

Matériel
Verrines

1. Faites tremper les raisins secs dans un bol d'eau tiède. Pendant ce temps, épluchez les carottes et coupez-les en rondelles. Épluchez et hachez finement l'oignon. Rincez, équeutez et ciselez le persil. Réservez quelques feuilles pour la décoration.

2. Faites revenir les carottes et les oignons 5 min à l'huile d'olive dans une sauteuse. Salez, poivrez, ajoutez les épices (girofle, cannelle et cumin) et le sucre. Mouillez avec 20 cl d'eau et laissez mijoter 15 min.

3. Ajoutez les pois chiches égouttés et rincés ainsi que les raisins secs. Poursuivez la cuisson encore 5 min. Ajoutez le persil juste avant d'éteindre le feu et mélangez. Laissez refroidir avant de placer au frais pendant 12 h.

4. Répartissez la préparation dans des verrines et décorez chacune d'elles d'une feuille de persil. Servez à température ambiante.

CONSEIL

Si vous avez le temps et la patience, faites cuire vous-même les pois chiches après les avoir fait tremper une nuit dans de l'eau avec un peu de bicarbonate de soude. Ils seront bien plus moelleux et goûteux.

VARIANTES

Remplacez les pois chiches par des lentilles et ajoutez du curry et du gingembre.

POULET TANDOORI AU YAOURT ET AUX CACAHUÈTES

Pour 6 personnes / 10 min de préparation / 12 h de marinade / 30 min de cuisson

Ingrédients

450 g de filets de poulet
30 g de beurre

Pour la marinade

1 citron jaune
2 citrons verts
1 yaourt bulgare
2 cuil. à soupe d'huile et de vinaigre de xérès
1 cuil. à café de poudre de chili, de cumin moulu, de gingembre moulu
½ cuil. à café de poudre d'ail
½ cuil. à café de coriandre moulue
1 cuil. à café de sel

Pour la sauce

50 g de cacahuètes peu salées
1 oignon
1 cuil. à soupe d'huile d'arachide
2 gousses d'ail
1 cuil. à café de gingembre
1 cuil. à soupe de curry

1. La veille : pressez les citrons et, dans un saladier, mélangez leur jus à tous les ingrédients de la marinade.

2. Faites fondre le beurre. Coupez les filets de poulet en carrés de 2 cm de côté. Badigeonnez-les généreusement de beurre fondu, puis plongez-les dans la marinade pour bien les enrober.

3. Couvrez le saladier et placez-le au réfrigérateur pendant 12 h, en ayant soin de retourner une ou deux fois les morceaux de poulet.

4. Le lendemain : égouttez les morceaux de poulet et enfilez-les sur des piques en bois. Faites-les griller sous le gril du four, ou au barbecue, ou sur des braises, en les retournant plusieurs fois.

5. Pendant ce temps, préparez la sauce : écrasez grossièrement les cacahuètes. Épluchez et hachez l'oignon et faites-le revenir avec l'huile dans une sauteuse. Ajoutez-y l'ail haché, le gingembre, le curry, les cacahuètes et la marinade.

6. Pour servir, disposez 3 mini-brochettes dans chaque verre et arrosez-les de sauce. Dégustez chaud, tiède ou à température ambiante.

POULET AUX CACAHUÈTES, SOJA ET RADIS CHINOIS

Pour 6 personnes / 15 min de préparation / 15 min de cuisson

Ingrédients

200 g de filets de poulet
150 g de pousses de soja
½ radis chinois (daïkon)
1 échalote
2 cuil. à soupe de sauce soja
1 cuil. à soupe de vinaigre de riz
1 cuil. à soupe de coriandre fraîche ciselée
2 cuil. à soupe d'huile de colza
Sel, poivre

Pour la sauce aux cacahuètes

125 g de cacahuètes grillées et salées
2 cuil. à soupe de jus de citron vert
5 cuil. à soupe de lait de coco
1 cuil. à soupe de sauce soja
1 cuil. à café de coriandre moulue
1 pointe de curcuma
1 pointe de curry

1. Rincez et égouttez les pousses de soja. Épluchez le radis et tranchez-le en julienne. Épluchez et hachez l'échalote. Rincez et épongez les filets de poulet, puis coupez-les en aiguillettes.

2. Dans une sauteuse, faites revenir tous les légumes dans l'huile de colza chaude. Ajoutez les aiguillettes de poulet et poursuivez la cuisson pendant 3 min. Ajoutez la sauce soja, le vinaigre de riz, du sel et du poivre. Réservez.

3. Préparez la sauce aux cacahuètes : mixez les cacahuètes et mettez-les dans une petite casserole. Ajoutez le jus de citron, le lait de coco, la sauce soja, la coriandre moulue, le curcuma et le curry. Mélangez bien à feu doux pour obtenir une sauce onctueuse.

4. Montez les verrines en versant les légumes au poulet et recouvrez de la sauce aux cacahuètes. Parsemez de coriandre ciselée et servez tiède ou froid.

VARIANTES

Remplacez le poulet par du canard, du filet de porc ou du rumsteck.

CRUMBLE D'AGNEAU À L'INDIENNE

Pour 6 personnes / 20 min de préparation / 1 h 30 de cuisson

Ingrédients

500 g d'épaule d'agneau
2 gros oignons
1 cuil. à soupe de cassonade
1 cuil. à café de curry
½ cuil. à café de cumin en poudre
½ cuil. à café de cannelle en poudre
½ cuil. à café de coriandre en poudre
50 g de riz basmati
6 brins de coriandre fraîche
3 cuil. à soupe d'huile d'olive
Sel

Pour le crumble

100 g de flocons d'avoine
60 g de beurre
20 g de parmesan

Matériel

Verrines

1. Coupez l'épaule d'agneau en petits dés. Épluchez et émincez les oignons. Dans une sauteuse, faites revenir les oignons ainsi que la viande dans l'huile d'olive sur toutes les faces. Ajoutez la cassonade, 2 grands verres d'eau, les épices (curry, cumin, cannelle et coriandre en poudre) et salez.

2. Laissez cuire à feu doux pendant 1 h tout en surveillant le niveau d'eau. Au bout de ce temps de cuisson, ajoutez ensuite le riz, 1 demi-verre d'eau et poursuivez la cuisson encore 15 min. Ajoutez alors la moitié de la coriandre fraîche.

3. Préchauffez le four à 210 °C (th. 7). Versez la viande dans des verrines allant au four.

4. Préparez le crumble en mixant les flocons d'avoine, le beurre coupé en dés et le parmesan. Déposez alors le crumble sur la viande et enfournez les verrines pour 10 min. À la sortie du four, décorez-les avec le reste de la coriandre et servez aussitôt.

CONSEIL

Pour obtenir une pâte à crumble sous forme de grosse semoule, vous pourrez avoir besoin d'ajouter un peu plus de beurre, selon la consistance et la marque des flocons d'avoine.

ÉMINCÉ DE PORC À LA MANGUE

Pour 6 personnes / 15 min de préparation / 1 h de marinade / 20 min de cuisson

Ingrédients
1 filet mignon de porc
2 mangues fermes
2 cuil. à soupe de sirop d'érable
4 feuilles de sauge
2 gousses d'ail
20 cl de bouillon de volaille
2 cuil. à soupe d'huile d'olive
1 cuil. à soupe de vinaigre balsamique
Sel, poivre

Matériel
Verrines

1. Coupez le filet mignon en lamelles ou en cubes moyens. Mettez-les dans un saladier.

2. Dans un petit bol, mélangez le sirop d'érable, l'huile d'olive et le vinaigre balsamique. Arrosez la viande du mélange, ajoutez les feuilles de sauge et l'ail écrasé, puis laissez mariner à température ambiante pendant 1 h.

3. Au bout de cette heure, épluchez les mangues et taillez leur chair en cubes. Mélangez à la viande et à sa marinade.

4. Versez le contenu du saladier dans un wok bien chaud ou une sauteuse et saisissez la viande en remuant pendant 5 min. Ajoutez le bouillon de volaille, salez et poivrez, puis laissez mijoter doucement pendant 15 min.

5. Répartissez dans des verrines et servez chaud.

VARIANTES

Préparez du bœuf ou de l'agneau à l'ananas, à la papaye ou aux kiwis.

PATATES DOUCES ET SAINT-JACQUES AU PAIN D'ÉPICE

Pour 6 personnes / 35 min de préparation / 10 min de cuisson

Ingrédients
6 noix de saint-jacques
2 patates douces moyennes
2 belles tranches de pain d'épice
40 g de beurre
15 cl de lait
1 pointe de noix muscade en poudre
Sel, poivre

Matériel
Verrines

1. Émiettez le pain d'épice et amalgamez-le en purée en le chauffant dans une casserole avec la moitié du beurre. Laissez tiédir, puis entreposez au frais pour former une sorte de pâte.

2. Nettoyez les noix de saint-jacques en retirant les parures (la barbe et le corail) ou demandez à votre poissonnier de les préparer.

3. Rincez les patates douces et faites-les bouillir à l'eau pendant 15 min. Laissez-les tiédir, puis épluchez-les. Préchauffez le four à 190 °C (th. 6).

4. Réduisez les patates en purée à la fourchette ou au moulin à légumes, puis ajoutez le lait, le reste de beurre, la noix muscade, du sel et du poivre. Mélangez bien.

5. Étalez une couche de purée au fond des verrines, posez par-dessus 1 noix de saint-jacques puis un peu de la pâte de pain d'épice. Enfournez pour 10 min et servez chaud ou tiède.

VARIANTES

Remplacez la purée de patates douces par de la purée de carottes ou de potiron, et les saint-jacques par des pétoncles ou des moules, bien moins onéreuses.

GRANITÉ À LA MANGUE

Pour 4 personnes / 10 min de préparation / 2 min de cuisson / 4 h de congélation

Ingrédients

10 cl d'eau

100 g de sucre en poudre

1 mangue bien mûre

Le zeste râpé de 1 citron vert non traité

Matériel

Blender

Bac à glace (ou autre bac, en métal de préférence)

1. Dans une casserole, portez l'eau et le sucre à ébullition pendant 2 min. Laissez refroidir le sirop ainsi obtenu.

2. Épluchez la mangue et récoltez la chair. Mixez la chair de la mangue avec le sirop dans le blender, puis ajoutez le zeste de citron.

3. Versez le mélange dans un bac et congelez-le pendant 4 h, en grattant régulièrement le granité avec une fourchette de sorte à obtenir des paillettes (toutes les 30 min).

CONSEIL

Le granité à la mangue accompagne des plats salés, comme un carpaccio de noix de saint-jacques ou de saumon.

5. VERRINES SUCRÉES

SALADE DE FRUITS ROUGES À LA MENTHE

Pour 6 personnes / 10 min de préparation / 5 min de cuisson / 2 h de repos

Ingrédients

4 cuil. à soupe de cassonade
4 brins de menthe
1 citron vert
2 barquettes de fraises
1 barquette de framboises
1 barquette de myrtilles
1 barquette de mûres

Matériel

Tamis
Verrines

1. Préparez le sirop à la menthe : mettez 1 pot de yaourt rempli d'eau froide dans une casserole avec la cassonade et les feuilles de 2 brins de menthe.

2. Allumez le feu et quand l'eau bout, comptez 1 à 2 min de cuisson. Éteignez et laissez refroidir puis ajoutez le jus du citron vert.

3. Nettoyez les fraises, équeutez-les et coupez les plus grosses en deux ou en quatre. Dans un saladier, mélangez tous les fruits et versez dessus le sirop à la menthe à travers un tamis. Laissez reposer 2 h au réfrigérateur.

4. Juste avant de servir, répartissez la préparation dans des verrines. Effeuillez les derniers brins de menthe, ciselez-les et saupoudrez vos verrines de menthe avant de servir.

TARTARE DE FRUITS EXOTIQUES

Pour 4 personnes / 20 min de préparation / 30 min de réfrigération

Ingrédients
2 kiwis
2 bananes
1 ananas victoria
1 mangue
3 citrons verts
3 fruits de la Passion
3 brins de menthe
3 cuil. à soupe de cassonade
500 ml de glace à la noix de coco

Matériel
Verrines

1. Pelez les kiwis, les bananes, l'ananas et la mangue et coupez leur chair en petits dés, que vous versez dans un grand récipient. Pressez les citrons verts sur les fruits.

2. Coupez en deux les fruits de la Passion, prélevez leur chair à l'aide d'une petite cuillère et ajoutez-la dans le récipient. Versez la cassonade, mélangez bien et placez le tout au frais pendant 30 min.

3. Répartissez le tartare dans 4 verrines, décorez-le avec des feuilles de menthe et servez avec une boule de glace coco.

DÉS DE NECTARINES AU SABAYON DE PISTACHES

Pour 6 personnes / 20 min de préparation / 20 min de cuisson

Ingrédients

6 nectarines bien mûres
4 œufs
Le jus de 1 citron
6 cuil. à soupe de pistaches nature concassées
1 bâton de cannelle
1 cuil. à café de cannelle en poudre
2 clous de girofle
4 cuil. à soupe de sucre en poudre
4 cuil. à soupe d'eau-de-vie de nectarine ou de prune
10 g de beurre

Matériel

Verrines

1. Lavez les nectarines, coupez-les en quatre, puis en huit. Mettez les fruits dans une casserole avec un peu d'eau, le jus de citron, le sucre, le bâton de cannelle et les clous de girofle. Faites cuire, à feu doux, pendant 5 min.

2. Beurrez 6 verrines pouvant aller au four et saupoudrez-les avec la moitié des pistaches concassées. Retirez les nectarines du sirop et recoupez-les si besoin est. Disposez-les ensuite dans les verrines. Filtrez leur jus de cuisson. Ajoutez l'eau-de-vie et faites réduire légèrement à feu doux.

3. Préchauffez le four à 180 °C (th. 6). Cassez les œufs en séparant les blancs des jaunes. Mélangez les jaunes avec la cannelle en poudre et le jus de cuisson des nectarines. Montez les blancs d'œufs en neige ferme. Ajoutez-y le reste des pistaches. Incorporez les blancs aux jaunes, puis versez le mélange sur les nectarines. Enfournez pour environ 15 min. Servez tiède ou froid.

VERRINES AUX FRUITS EXOTIQUES

Pour 6 personnes / 10 min de préparation / 3 h de repos

Ingrédients

4 feuilles de gélatine
2 fruits de la Passion
100 g de sucre en poudre
½ ananas, en morceaux
Les graines de ½ grenade
½ noix de coco, en morceaux

Matériel

6 verrines

1. Faites ramollir les feuilles de gélatine dans de l'eau froide. Essorez-les entre vos mains. Coupez les fruits de la Passion en deux et extrayez-en le jus. Mélangez-le avec le sucre, puis faites chauffer le tout. Incorporez la gélatine, préalablement pressée entre vos mains, dans le jus chaud. Versez la moitié de cette préparation dans les verrines et placez-les au frais pendant 1 h pour que la gelée prenne.

2. Répartissez les deux tiers des morceaux de fruits dans les verrines, puis recouvrez du reste de la gelée. Si celle-ci a pris dans la casserole, réchauffez-la quelques instants à feu doux avant de la verser dans les verrines. Laissez prendre à nouveau, au frais, pendant 2 h, puis décorez du reste des morceaux de fruits. Servez aussitôt.

TRIO D'AGRUMES À LA GELÉE MENTHE-BASILIC

Pour 6 personnes / 20 min de préparation / 3 h de réfrigération

Ingrédients

4 oranges
2 pamplemousses
4 mandarines
3 cuil. à soupe de Grand Marnier
3 cuil. à soupe de sucre roux
3 feuilles de gélatine
10 feuilles de menthe
10 feuilles de basilic

Matériel

Verrines

1. Pelez 3 oranges, les pamplemousses et les mandarines, en recueillant le jus qui s'en écoule. Pressez la quatrième orange et mélangez les jus. Répartissez les fruits harmonieusement dans les verrines.

2. Faites tremper les feuilles de gélatine dans un bol d'eau pendant 3 min. Lavez et ciselez les herbes.

3. Faites chauffer le jus des fruits et faites-y dissoudre le sucre, puis ajoutez les feuilles de gélatine essorées, les trois quarts des herbes, le Grand Marnier et mélangez. Retirez du feu. Laissez tiédir.

4. Versez la préparation sur les agrumes et faites prendre au réfrigérateur pendant 3 h. Juste avant de servir très frais, décorez les verrines d'un peu d'herbes ciselées.

CONSEIL

Vous pouvez améliorer la présentation en ajoutant un peu de chantilly avant de servir.

VERRINES DE MIRABELLES AU NOUGAT

Pour 4 personnes / 20 min de préparation / 10 min de cuisson / 1 h de repos

Ingrédients
250 g de mirabelles
2 pommes
70 g de sucre roux en poudre (cassonade)
150 g de fromage blanc à 0 %
200 g de mascarpone
6 spéculoos
50 g de nougat aux noisettes

Matériel
Verrines

1. Lavez les mirabelles et séchez-les. Dénoyautez-les. Conservez-en 50 g pour le dressage. Lavez les pommes et coupez-les en morceaux. Dans une casserole, disposez les mirabelles et les morceaux de pommes, ajoutez 30 g de sucre roux et un fond d'eau. Laissez cuire la compotée pendant 10 min. Laissez refroidir.

2. Dans un saladier, mélangez le fromage blanc et le mascarpone. Ajoutez le reste de sucre. Montez les verrines en commençant par disposer la compotée de fruits, puis la préparation au fromage frais. Rehaussez de fruits. Placez les verrines au réfrigérateur 1 h au moins.

3. Émiettez les biscuits et le nougat. Au moment de servir, parsemez de spéculoos et de nougat.

SOUPE DE KIWIS AU CHOCOLAT BLANC

Pour 6 personnes / 1 min de préparation

Ingrédients

8 kiwis bien charnus et mûrs
Le jus de 1 citron vert
80 g de sucre
50 g de chocolat noir

Pour la mousse

80 g de chocolat blanc
15 cl de crème liquide
1 glaçon

Matériel

Mixeur
Verrines

1. Épluchez les kiwis et passez-les au mixeur. Ajoutez le sucre et le jus du citron vert à la purée obtenue et mettez en attente au réfrigérateur jusqu'au moment de servir.

2. Préparez la mousse. Faites fondre, à feu doux ou au micro-ondes, le chocolat blanc additionné de 3 cuil. à soupe d'eau. Ajoutez le glaçon à la crème liquide et battez-la très vigoureusement pour la monter en chantilly. Incorporez progressivement le chocolat fondu en soulevant la crème et en mélangeant.

3. Conservez au réfrigérateur, dans un bol recouvert d'un film étirable, jusqu'au moment de servir. Répartissez la soupe de kiwis dans les verrines, surmontez-la d'un dôme de mousse et garnissez de chocolat noir râpé.

VARIANTE

Vous pouvez remplacer la mousse au chocolat blanc par une boule de glace de votre choix.

CRÈME AU CIDRE ET SA COURONNE DE POMMES

Pour 6 personnes / 20 min de préparation / 5 min de cuisson

Ingrédients

20 cl de cidre brut
3 cuil. à soupe de calvados
30 cl de crème liquide
100 g de sucre
Le jus de 1 citron
3 pommes
5 cuil. à soupe de gelée de pomme
½ cuil. à café de cannelle en poudre
2 glaçons

Matériel

Verrines

1. Versez la crème dans un grand saladier. Ajoutez-y le sucre, 2 glaçons et, à l'aide d'un fouet, battez la crème jusqu'à ce qu'elle soit bien légère. Incorporez progressivement à la crème la moitié du jus de citron, le cidre et le calvados, et battez encore. Mettez-la en attente au réfrigérateur jusqu'au moment de servir.

2. Épluchez les pommes, épépinez-les et coupez-les en quartiers, que vous jetez dans une casserole avec le reste du jus de citron et la cannelle. Faites cuire, à feu doux, pendant 5 min. Retirez du feu, mélangez la gelée de pomme à la compote.

3. Dressez les verrines en répartissant la crème au cidre bien froide, puis la compote de pommes froide. Saupoudrez d'un voile de cannelle.

VARIANTES

Vous pouvez préparer de la même façon une crème au poiré et à la liqueur de poire avec une couronne de poires, ou une crème au jus d'ananas et au rhum avec une couronne d'ananas. Vous pouvez également servir un sorbet ou un coulis de fruits rouges en accompagnement.

TATIN DE POMMES DÉSTRUCTURÉE

Pour 4 personnes / 10 min de préparation / 25 min de cuisson

Ingrédients
4 pommes
30 g de beurre
80 g de sucre cassonade
½ gousse de vanille
25 cl de crème fleurette très froide
20 g de sucre glace
1 paquet de palets bretons

Matériel
Batteur électrique
Verrines

1. Épluchez les pommes et retirez leur cœur puis coupez-les en dés. Faites fondre le beurre dans une poêle et ajoutez les pommes. Saupoudrez de sucre, laissez cuire et caraméliser jusqu'à ce que les pommes soient fondantes.

2. Préparez une crème Chantilly. Coupez la demi-gousse de vanille dans le sens de la longueur. Récupérez les graines à l'intérieur avec la lame d'un couteau et versez-les avec la crème fleurette dans un récipient.

3. Commencez à battre doucement à l'aide du batteur électrique, puis accélérez au fur et à mesure que la crème épaissit. Une fois que la crème a doublé de volume et qu'elle se tient, incorporez le sucre glace sans fouetter au batteur électrique. Remuez énergiquement à l'aide d'un fouet à main.

4. Émiettez grossièrement les palets bretons. Versez des miettes de biscuit au fond de 4 verrines, recouvrez de pommes, parsemez d'un peu de biscuit et nappez de chantilly. Dégustez aussitôt.

CONSEIL

Pour gagner du temps, utilisez de la chantilly du commerce.

CRUMBLE AUX POMMES ET AUX FRUITS ROUGES

Pour 8 personnes / 20 min de préparation / 20 min de cuisson

Ingrédients
4 pommes boskoop
200 g de mélange de fruits rouges
150 g de farine
100 g de cassonade
100 g de beurre ramolli + 10 g pour le plat
Crème fraîche épaisse pour accompagner

Matériel
Verrines

1. Épluchez les pommes et coupez-les en lamelles. Mélangez-les aux fruits rouges et ajoutez 50 g de cassonade. Beurrez des verrines pouvant aller au four et versez-y les fruits.

2. Dans un saladier, mélangez la farine et le reste de sucre. Ajoutez le beurre et malaxez pour obtenir une pâte sableuse. Recouvrez les fruits d'une couche de pâte et enfournez pour 20 min de cuisson dans un four préchauffé à 200 °C (th. 7). Servez chaud ou froid avec un peu de crème fraîche épaisse.

TIRAMISU AUX ABRICOTS ET À L'AMARETTO

Pour 6 personnes / 15 min de préparation / 6 h de réfrigération

Ingrédients
9 abricots frais
250 g de mascarpone
100 g de sucre
3 œufs
15 cl de café froid bien corsé
10 cl d'amaretto (liqueur d'amande)
12 biscuits à la cuiller
1 cuil. à soupe de cacao amer

Matériel
Verrines

1. Lavez et séchez les abricots. Détaillez-les en petits dés. Arrosez-les ensuite de liqueur d'amande. Cassez les œufs en séparant les blancs des jaunes. Montez les blancs en neige très ferme et mettez-les de côté. Fouettez vigoureusement les jaunes d'œufs avec le sucre, jusqu'à l'obtention d'un ruban jaune clair. Incorporez-y le mascarpone, puis les blancs en neige.

2. Trempez les biscuits à la cuiller dans le café froid pendant quelques secondes, puis disposez-les au fond des verres. Versez une grosse cuillerée du mélange au mascarpone, dispersez quelques dés d'abricots avec leur jus, puis versez une autre cuillerée de mascarpone.

3. Terminez par le reste d'abricots et poudrez d'un voile de cacao. Conservez au réfrigérateur pendant au moins 6 h, avant de servir.

TARTE AU CITRON MERINGUÉE ET SPÉCULOOS EN VERRINE

Pour 4 verrines / 25 min de préparation / 1 h de réfrigération

Ingrédients

4 citrons non traités (soit 20 cl de jus)
200 g de sucre en poudre
4 œufs : 4 blancs + 2 jaunes
15 g de Maïzena
8 spéculoos
1 pincée de sel

Matériel

Verrines
Chinois
Poche à douille
Chalumeau (facultatif)
Batteur

1. Lavez, zestez 1 citron et prélevez le jus des 4 citrons. Dans une casserole, mélangez à froid le jus et les zestes de citron avec 100 g de sucre, les jaunes d'œufs et la Maïzena. Faites chauffer à feu doux tout en remuant jusqu'à ce que le mélange épaississe (sans jamais faire bouillir). Passez la préparation à travers le chinois puis filmez-la et placez-la 1 h au frais.

2. Émiettez grossièrement les spéculoos dans un bol puis répartissez les miettes au fond des verrines. Versez la crème au citron par-dessus. Montez les blancs en neige avec le sel. Lorsqu'ils commencent à être fermes, versez en pluie les 100 g de sucre restants tout en remuant.

3. Avec la poche à douille, dressez la meringue sur la crème au citron. Colorez les meringues à l'aide d'un chalumeau ou glissez les verrines 2 à 3 min sous le gril du four (en vous assurant que vos verrines supportent la chaleur).

MINI-FRAISIER EN VERRINE

Pour 4 personnes / 15 min de préparation / 15 min de cuisson

Ingrédients
1 pâte feuilletée
300 g de fraises gariguette
100 g de pâte d'amandes rose (pour le décor)
50 cl de crème pâtissière

Matériel
Verrines

1. Préchauffez le four à 180 °C (th. 6). Prélevez 8 cercles de pâte feuilletée (2 par verrine) de la taille de vos verrines. Posez les cercles sur la plaque du four recouverte de papier sulfurisé. Piquez les cercles à l'aide d'une fourchette pour éviter qu'ils ne gonflent et enfournez pour 15 min de cuisson. Ils doivent être bien dorés.

2. Lavez, équeutez et coupez la moitié des fraises en deux. Coupez l'autre moitié des fraises en petits cubes.

3. Posez un cercle de pâte feuilletée dans le fond de chaque verrine. Disposez une rangée de fraises coupées en deux autour de la paroi de la verrine. Recouvrez de crème pâtissière et ajoutez quelques cubes de fraises puis le deuxième cercle de pâte feuilletée.

4. Décorez les mini-fraisiers avec de la pâte d'amandes rose.

TRIFLE AUX MACARONS ET AUX FRAISES

Pour 4 personnes / 15 min de préparation

Ingrédients

200 g de crème fleurette

3 cuil. à soupe de sucre glace

1 cuil. à soupe de noix de coco râpée

150 g de fraises

4 cuil. à soupe de sirop de fraise

100 g de coques de macarons

200 g de crème pâtissière

Matériel

Poche munie d'une douille cannelée

Verrines

1. Montez la crème fleurette bien froide en chantilly avec le sucre glace puis incorporez délicatement la noix de coco râpée. Placez l'appareil dans une poche à douille cannelée et réservez au frais.

2. Lavez et équeutez les fraises puis coupez-les en dés. Répartissez les dés de fraises dans 4 verrines et ajoutez dans chacun 1 cuil. à soupe de sirop de fraise.

3. Concassez grossièrement les macarons et déposez-les sur les fraises. Recouvrez d'une couche de crème pâtissière.

4. Finissez le montage des verrines avec un joli nuage de crème fouettée à la noix de coco.

ETON MESS

Pour 6 personnes / 20 min de préparation / 1 h à 1 h 30 de cuisson

Ingrédients
3 œufs
175 g de cassonade
450 g de fraises, lavées et équeutées
50 cl de crème fleurette
1 cuil. à soupe de sucre glace
1 gousse de vanille
Amandes effilées

Matériel
Blender
Verrines

1. Préchauffez votre four à 100 °C (th. 3-4). Préparez une plaque recouverte de papier cuisson ou d'un tapis en silicone. Fouettez les blancs d'œufs et dès qu'ils commencent à mousser, ajoutez la cassonade en pluie tout en continuant de fouetter. Laissez tourner le batteur encore 3 min lorsque tout le sucre est incorporé pour obtenir une meringue bien ferme.

2. Déposez à la cuillère des tas de meringue sur la plaque et enfournez pour 1 h à 1 h 30 selon la taille de vos meringues. À la fin de la cuisson, laissez les meringues refroidir dans le four éteint.

3. Placez la moitié des fraises dans un blender et mixez pour obtenir un coulis. Coupez le reste des fraises en dés.

4. Placez la crème fleurette, le sucre glace et les graines de la gousse de vanille dans un bol et fouettez pour monter la crème en chantilly. Ajoutez les fraises en dés et la moitié du coulis et mélangez très brièvement à la spatule pour obtenir une texture marbrée.

5. Cassez grossièrement les meringues et répartissez-en les trois quarts dans des verrines, ajoutez la crème marbrée puis terminez avec les brisures de meringues restantes et quelques amandes effilées. Nappez du restant de coulis.

CONSEIL

Vous pouvez réaliser les meringues et le coulis à l'avance, mais une fois les Eton mess assemblés, il faut les servir immédiatement pour que les meringues restent croquantes.

FONTAINEBLEAU À LA FRAMBOISE ET PISTACHES CARAMÉLISÉES

Pour 6 personnes / 20 min de préparation / 10 min de cuisson / 4 h de repos

Ingrédients

200 g de faisselle au lait entier
200 g de framboises
1 quartier de citron
2 cuil. à soupe de cassonade
50 g de sucre semoule
50 g de pistaches nature crues
10 cl de crème liquide
1 cuil. à soupe de sucre glace

Matériel

Moulin à légumes
Verrines

1. Sortez la faisselle de son emballage et laissez-la s'égoutter 2 h dans une passoire.

2. Mixez la moitié des framboises avec le jus du citron et la cassonade. Passez cette purée à travers un moulin à légumes muni d'une grille fine. Versez dans une casserole et portez à ébullition. Coupez le feu et laissez refroidir.

3. Dans une casserole, faites fondre le sucre semoule avec 5 cl d'eau jusqu'à ce qu'il se transforme en un beau caramel brun doré. Ajoutez les pistaches et poursuivez la cuisson 2 à 3 min sans cesser de remuer. Versez immédiatement sur du papier sulfurisé et laissez refroidir. Concassez grossièrement.

4. Montez la crème liquide en chantilly avec le sucre glace. Lorsqu'elle est bien épaisse, ajoutez la faisselle et répartissez dans de jolies tasses ou verrines. Laissez reposer 2 h au réfrigérateur.

5. Couvrez le fromage blanc de coulis de framboises. Ajoutez les framboises restantes et les pistaches. Servez aussitôt.

CONSEIL

Vous pouvez réaliser la même recette avec des fraises ou des cerises. Par ailleurs, si vous avez plus de temps, laissez s'égoutter encore plus longuement la faisselle (entre 4 à 6 h).

CHEESECAKE LÉGER AU CITRON VERT

Pour 6 personnes / 20 min de préparation / 6 h de réfrigération

Ingrédients

Pour la base

200 g de biscuits sucrés allégés

50 g de beurre

Pour la garniture

3 feuilles de gélatine

2 blancs d'œufs

20 cl de crème fraîche

50 g de sucre

2 citrons verts

300 g de fromage frais 0 % MG

1 pincée de sel

Matériel

Mixeur, batteur

Verrines

1. Préparez d'abord la base : mettez les biscuits et le beurre dans le bol du mixeur. Actionnez le robot par à-coups jusqu'à ce que vous obteniez un sable homogène. Tapissez le fond des verrines de cette poudre sur une épaisseur de 1 cm.

2. Faites tremper les feuilles de gélatine dans de l'eau froide. Montez les blancs d'œufs salés en neige très ferme.

3. Dans une casserole, portez la crème à ébullition avec le sucre. Coupez le feu et ajoutez les feuilles de gélatine égouttées. Nettoyez les citrons, râpez la peau afin de récupérer le zeste et pressez-les.

4. Dans un saladier, mélangez le fromage avec le zeste et le jus des citrons. Ajoutez la crème et les blancs d'œufs. Mélangez délicatement jusqu'à obtention d'une mousse homogène. Répartissez-la dans les verrines. Lissez le dessus et laissez prendre au frais pendant 6 h avant de servir.

CHEESECAKE AU MASCARPONE FAÇON TIRAMISU

Pour 6 personnes / 40 min de préparation / 6 h de réfrigération

Ingrédients

Pour la base

200 g de pâte sablée cuite
50 g de beurre
1 cuil. à soupe d'arôme café
2 cuil. à soupe d'amaretto

Pour la garniture

2 feuilles de gélatine
25 cl de crème liquide entière
100 g de sucre
125 g de mascarpone
4 jaunes d'œufs
50 g de cacao amer

Matériel

Verrines

1. Faites tremper les feuilles de gélatine dans de l'eau froide ; faites tiédir 5 cl de crème et ajoutez la gélatine égouttée. Avec un batteur, fouettez le reste de crème avec la moitié du sucre jusqu'à obtenir une chantilly épaisse ; ajoutez le mascarpone. Fouettez les jaunes d'œufs avec le reste du sucre jusqu'à ce qu'ils blanchissent. Mélangez les 3 préparations puis fouettez jusqu'à ce que la crème soit bien épaisse.

2. Préparez la base : mixez les ingrédients. Tapissez-en le fond des verrines sur une épaisseur de 1 cm.

3. Répartissez la crème au mascarpone dans les verrines. Lissez le dessus et laissez prendre au frais pendant 6 h. Saupoudrez de cacao.

CHEESECAKE EN VERRINE, VANILLE ET SPÉCULOOS

Pour 4 personnes / 30 min de préparation / 2 h de réfrigération

Ingrédients

Pour la base biscuitée

50 g de spéculoos

30 g de beurre (à température ambiante)

Pour l'appareil à cheesecake

1 œuf

80 g de sucre

250 g de fromage frais

100 g de fromage blanc

1 g d'agar-agar soit ½ cuil. à café

3 cl de lait

100 g de ricotta

1 gousse de vanille

4 cuil. à soupe de pâte de spéculoos

Pour la finition

4 à 8 framboises

Matériel

Mixeur

Verrines

1. Préparez la base biscuitée : émiettez et écrasez les biscuits à l'aide d'un rouleau à pâtisserie, dans un sac en plastique (type sac de congélation). Versez dans un saladier puis ajoutez le beurre mou et mélangez avec une cuillère en bois. Placez le tout sur une feuille de papier cuisson, recouvrez d'une autre feuille puis étalez le tout au rouleau à pâtisserie afin d'obtenir une base plane et compacte. Placez cette base au congélateur afin qu'elle durcisse.

2. Préparez le cheesecake : dans un saladier, fouettez l'œuf avec le sucre. Fendez la gousse de vanille en deux puis prélevez la moitié des graines ; versez la seconde moitié dans le lait. Dans un autre bol, mélangez et travaillez le fromage frais avec le fromage blanc afin d'obtenir un mélange homogène puis ajoutez la moitié des graines de vanille. Incorporez le mélange œuf-sucre et mélangez. Dans une casserole, délayez l'agar-agar dans le lait avec la ricotta, portez à ébullition puis, aux premiers bouillons, faites cuire 2 à 3 min sans cesser de remuer. Incorporez ce mélange à celui au fromage blanc et mélangez.

3. Dans le fond des verrines, disposez de la base biscuitée. Répartissez l'appareil à cheesecake puis versez une fine couche de pâte de spéculoos préalablement fondue au micro-ondes. Déposez 1 à 2 framboises sur le dessus et réservez au frais.

VERRINE AU FROMAGE BLANC, FRAISE ET RHUBARBE

Pour 6 personnes / 15 min de préparation / 15 min de cuisson

Ingrédients

250 g de rhubarbe
60 g de sucre en poudre + 15 g pour le fromage blanc
250 g de fraises
50 g de fromage blanc

Matériel

Mixeur
Verrines

1. Épluchez la rhubarbe et coupez-la en tronçons. Faites cuire la rhubarbe dans une casserole avec les 60 g de sucre pendant 15 min. Goûtez et ajoutez encore un peu de sucre si nécessaire.

2. Versez la compote de rhubarbe dans le fond des verrines.

3. Rincez et équeutez les fraises. Mixez-les avec le fromage blanc et les 15 g de sucre en poudre restant. Versez sur la compote de rhubarbe.

4. Servez bien frais.

PERLES DU JAPON AU COULIS DE FRAMBOISES

Pour 4 personnes / 10 min de préparation / 30 min de cuisson

Ingrédients
50 cl de lait
50 g de sucre en poudre
1 cuil. à café de vanille liquide
40 g de perles du Japon

Pour le coulis de framboises
100 g de framboises
2 cuil. à soupe de sucre en poudre

Matériel
Verrines

1. Faites bouillir le lait, le sucre et la vanille liquide dans une casserole. Versez en pluie les perles du Japon, remuez et laissez cuire 30 min à petit feu. Remuez de temps en temps. Lorsque les perles sont translucides, c'est qu'elles sont cuites. Versez-les dans les verrines.

2. Mixez les framboises avec le sucre et déposez le coulis sur les verrines.

3. Servez les verrines tièdes ou complètement refroidies.

TAPIOCA AU LAIT DE COCO

Pour 4 personnes / 25 min de préparation / 15 min de cuisson

Ingrédients
120 g de tapioca en perles, colorées ou non
50 cl de lait de coco
1 citron vert
2 bananes
1 mangue
1 petit morceau de gingembre confit
4 cuil. à soupe de sucre roux
1 cuil. à soupe de noix de coco râpée
Quelques feuilles de menthe

Matériel
Verrines

1. À l'aide d'un couteau économe, prélevez les zestes du citron vert en essayant de ne pas trop prendre de peau blanche qui apporte de l'amertume. Hachez finement ces zestes. Pelez les bananes et coupez-les en dés. Pelez la mangue, éliminez le noyau et coupez la chair en dés. Réunissez les dés de banane et de mangue dans un bol. Ajoutez les zestes de citron, le gingembre haché et le jus du citron vert. Mélangez délicatement et mettez de côté.

2. Faites bouillir une grande casserole d'eau. Jetez les perles de tapioca en pluie dans l'eau bouillante. Faites-les cuire de 10 à 15 min, puis égouttez-les dans une passoire. Refroidissez-les aussitôt en versant de l'eau froide par-dessus. Égouttez soigneusement.

3. Répartissez les mangues, les bananes et leur jus dans des verrines. Déposez les perles de tapioca cuites par-dessus, sans mélanger, en essayant de juste recouvrir les fruits. Versez délicatement le lait de coco froid. Décorez de sucre, de noix de coco râpée et de menthe finement hachée. Servez frais.

CONSEILS

Ne faites pas cuire les perles de tapioca trop longtemps, sinon elles se gorgent d'eau et perdent toute saveur. Vous pouvez agrémenter ce dessert de quelques fruits rouges.

CRYSTALLIZED
Ginger
GEKONFIJTE
GEMBER
NET WT. 6 OZ

CHOCOLAT LIÉGEOIS

Pour 6 personnes / 15 min de préparation / 10 min de cuisson / 2 h de repos

Ingrédients

Pour la crème au chocolat

30 g de Maïzena
50 cl de lait demi-écrémé
100 g de chocolat pâtissier à 55 % de cacao
30 g de sucre en poudre

Pour la chantilly

30 cl de crème liquide à 30 % de matière grasse
15 g de sucre glace
6 cuil. à café de vermicelles au chocolat

Matériel

6 coupes à glace ou mazagrans
Poche à douille
Verrines

1. Préparez la crème au chocolat. Versez la Maïzena dans le lait froid et fouettez. Concassez grossièrement le chocolat à l'aide d'un couteau. Dans une casserole, faites fondre à feu doux le chocolat dans le lait et ajoutez le sucre en poudre. Mélangez doucement sans arrêt, jusqu'à ce que la crème prenne. Fouettez-la quelques instants pour qu'elle devienne bien lisse.

2. Répartissez la crème dans les petits ramequins et laissez refroidir à température ambiante pendant 2 h.

3. Lorsque la crème est refroidie, préparez la chantilly. Montez la crème liquide bien froide en chantilly à l'aide du batteur électrique. Lorsqu'elle est bien prise, ajoutez le sucre glace. Cessez de fouetter dès que la chantilly tient au fouet.

4. Versez la chantilly dans la poche à douille afin de la transférer dans les coupelles de crème au chocolat. Saupoudrez de vermicelles et servez.

VARIANTE

Remplacez la crème au chocolat par de la glace au chocolat.

SOUFFLÉ GLACÉ AU CHOCOLAT

Pour 6 personnes / 20 min de préparation / 5 min de cuisson / 4 h de repos

Ingrédients
1 gousse de vanille
150 g de chocolat noir à 64 % de cacao minimum
2 œufs
15 cl de lait frais entier
1 cuil. à soupe de cacao amer en poudre
30 g de beurre
25 g de sucre en poudre
1 pincée de sel

Matériel
Ramequins

1. Coupez la gousse de vanille en deux dans le sens de la longueur et retirez les graines. Coupez le chocolat en petits morceaux. Séparez les blancs des jaunes d'œufs. Portez à ébullition le lait, les graines de vanille, le cacao en poudre et le sucre. Versez sur le chocolat et mélangez afin de lier le tout. Ajoutez les jaunes d'œufs.

2. Montez les blancs en neige très ferme avec une pincée de sel. Versez-en un tiers sur le chocolat et mélangez vigoureusement. Ajoutez ensuite délicatement le reste des blancs. Découpez des feuilles de papier sulfurisé de 12 cm de largeur et 30 cm de longueur. Graissez-les de beurre fondu et enroulez-les à l'intérieur de petits moules à soufflé ou des ramequins.

3. Versez ensuite la mousse au chocolat à hauteur des rouleaux de papier et laissez reposer 4 h au congélateur. Lorsque les soufflés sont durs, ôtez le papier sulfurisé et disposez-les sur de petites assiettes. Servez aussitôt.

CONSEIL

Vous pouvez faire la même recette en utilisant du chocolat au lait ou du chocolat blanc. Dans ces deux cas, ne mettez pas de sucre dans votre mousse car le chocolat en apportera suffisamment.

FLAN AU CARAMEL

Pour 6 personnes / 10 min de préparation / 20-25 min de cuisson

Ingrédients
50 cl de lait
4 œufs
70 g de sucre en poudre
1 cuil. à café de vanille liquide
Pour le caramel
80 g de sucre en poudre
Matériel
Ramequins

1. Préparez le caramel : faites cuire à sec le sucre dans une casserole. Ne remuez pas le caramel, laissez-le cuire jusqu'à ce qu'il prenne une jolie couleur ambrée. Versez immédiatement le caramel obtenu dans les ramequins, car il va se figer rapidement.

2. Préchauffez le four à 180 °C (th. 6).

3. Faites bouillir le lait dans une casserole. Dans un saladier, fouettez les œufs avec le sucre en poudre et la vanille. Versez le lait chaud dans le saladier en fouettant. Puis, ajoutez la préparation sur le caramel dans les ramequins.

4. Posez-les dans un plat allant au four et versez de l'eau à mi-hauteur. Enfournez pour 20 à 25 min de cuisson au bain-marie. Pour vérifier la cuisson, plantez la lame d'un couteau dans un flan : elle doit ressortir sèche. Démoulez les petits flans à l'envers sur une assiette et laissez-les refroidir.

VARIANTE

Préparez cette recette dans un moule à manqué à la place des petits ramequins.

ESPUMA DE CARAMBAR®

Pour 4 à 6 personnes / 10 min de préparation / 10 min de cuisson

Ingrédients
180 g de Carambar®
20 cl de crème liquide
5 cl de lait
1 g d'agar-agar

Matériel
Siphon
Cartouche de gaz
Verrines

1. Déballez les Carambar®. Placez-les dans une casserole avec la crème liquide et le lait. Faites frémir sans laisser bouillir. Sortez du feu et mélangez patiemment pour faire fondre complètement les Carambar®. Ajoutez l'agar-agar en mélangeant au fouet, puis filtrez finement.

2. Versez la préparation dans le siphon. Fermez-le, puis engagez la cartouche de gaz et secouez plusieurs fois. Placez le siphon dans un bain-marie un peu chaud (pas plus de 50 °C) pendant 2 ou 3 min. Pressez doucement le bec du siphon pour faire sortir l'espuma dans les verrines.

CONSEIL

À déguster nature avec quelques éclats de caramel ou des amandes effilées préalablement grillées avec du sucre glace.

PANNA COTTA

Pour 4 verrines / 10 min de préparation / 10 min de cuisson / 30 min de repos

Ingrédients
20 cl de crème liquide
10 cl de lait
20 g de sucre en poudre
1 cuil. à soupe de vanille liquide
½ cuil. à café rase d'agar-agar (ou 1 feuille de gélatine)
50 g de framboises
50 g de groseilles

Matériel
Verrines

1. Dans une petite casserole, faites chauffer la crème, le lait, le sucre, la vanille et l'agar-agar jusqu'à ébullition. Versez dans les verrines.

2. Pour donner un aspect penché, posez les verrines dans une boîte d'œufs. Laissez prendre au frais pendant 30 min.

3. Dans un petit bol, écrasez grossièrement les fruits rouges à l'aide d'une fourchette. Vous pouvez sucrer légèrement les fruits.

4. Versez la purée de fruits rouges dans les verrines et conservez-les au frais jusqu'au moment de les servir.

CONSEIL

Si vous utilisez une feuille de gélatine, faites-la ramollir dans un bol d'eau froide pendant 10 min avant de la faire fondre dans la préparation tiède.

PANNA COTTA AU MIEL ET AMANDES GRILLÉES

Pour 4 personnes / 15 min de préparation

Ingrédients
50 g de miel
15 cl de lait
25 cl de crème liquide
1 g d'agar-agar
(ou 2 feuilles de gélatine)
20 g d'amandes effilées

Matériel
Verrines

1. Dans une petite casserole, faites fondre le miel dans le lait à feu doux. Lorsqu'il est fondu, ajoutez la crème liquide et l'agar-agar puis portez à ébullition quelques secondes. Versez dans les verrines et laissez refroidir.

2. Faites griller à sec les amandes dans une poêle. Déposez-les sur les verrines refroidies au dernier moment.

CONSEIL

Il vaut mieux prendre un miel de bonne qualité pour la réalisation de cette panna cotta.

PANNA COTTA AU LEMON CURD

Pour 4 personnes / 25 min de préparation / 30 min de réfrigération

Ingrédients

Pour le lemon curd

2 œufs
80 g de sucre en poudre
30 g de beurre
1 citron (le zeste) + 5 cl de jus de citron

Pour la panna cotta

20 cl de crème liquide
1 citron (le zeste)
20 g de sucre
1 g d'agar-agar

Matériel

Cul- de- poule (facultatif)
Verrines

1. Préparez le lemon curd : dans un cul-de-poule (saladier en inox avec un fond arrondi ; si vous n'en avez pas, utilisez un saladier traditionnel), fouettez les œufs avec le sucre. Ajoutez ensuite le jus de citron et le zeste. Posez le cul-de-poule dans une casserole et faites chauffer à feu doux le mélange au bain-marie. Ajoutez le beurre coupé en petits morceaux et remuez bien. Le mélange épaissit au bout de 10 min. Versez ensuite le lemon curd dans un petit pot.

2. Préparez la panna cotta : faites chauffer la crème liquide dans une casserole, le zeste du citron et le sucre. Ajoutez l'agar-agar et portez à ébullition quelques secondes. Fouettez bien pour ne pas qu'il reste de petits grumeaux. Versez dans les verrines. Laissez prendre au frais 30 min. Versez du lemon curd dans chaque verrine et servez.

CONSEIL

Le lemon curd se conserve très bien au frais pendant quelques jours. Il peut vous servir pour agrémenter un cake ou pour garnir des tartelettes aux fruits.

PETITS POTS DE CRÈME À LA VANILLE

Pour 4 personnes / 15 min de préparation / 15 min d'infusion / 30 min de cuisson / 1 h de repos

Ingrédients

1 gousse de vanille
40 cl de crème liquide entière
40 cl de lait entier
8 jaunes d'œufs
100 g de sucre de canne

Matériel

Petits pots ou ramequins

1. Préchauffez le four à 150 °C (th. 5). Coupez la gousse de vanille en deux et prélevez les graines. Dans une casserole, faites chauffer la crème, le lait et les graines de vanille. Couvrez et laissez infuser hors du feu pendant 15 min.

2. Dans un plat à bord haut, disposez les petits pots. Faites chauffer de l'eau pour le bain-marie.

3. Dans un saladier, fouettez les jaunes d'œufs avec le sucre de canne. Incorporez le lait infusé. Fouettez et versez dans les petits pots.

4. Versez l'eau chaude dans le plat et enfournez pendant 30 min. Dès que les crèmes sont cuites, retirez-les du bain-marie pour stopper la cuisson.

5. Dès qu'elles sont refroidies, placez-les au réfrigérateur pendant au moins 1 h.

VARIANTE

Vous pouvez remplacer la vanille par de l'extrait de café.

CRÈME AU CAFÉ ET SPÉCULOOS

Pour 6 personnes / 15 min de préparation / 5 min de cuisson / 1 h de réfrigération

Ingrédients

6 spéculoos
50 cl de lait demi-écrémé
30 g de fécule de maïs
80 g de sucre en poudre
1 cuil. à soupe de café lyophilisé

Matériel

Verrines

1. Émiettez grossièrement 1 biscuit au fond de chaque verrine. Dans une casserole, mélangez à froid le lait, la fécule de maïs, le sucre et le café lyophilisé. Faites chauffer à feu moyen, en remuant sans arrêt, jusqu'à ce que le mélange épaississe.

2. Répartissez la préparation dans les verrines puis laissez prendre 1 h au frais.

PETITS POTS DE CAFÉ, CHANTILLY AU BAILEYS

Pour 4 personnes / 20 min de préparation / 25 min de cuisson / 2 h de réfrigération

Ingrédients

20 cl de crème liquide
20 cl de lait entier
4 jaunes d'œufs
100 g de sucre en poudre
3 cuil. à soupe de café soluble

Pour la chantilly

20 cl de crème liquide
6 cuil. à soupe de Baileys

Matériel

Siphon
Verrines

1. Préparez la chantilly. Mélangez la crème liquide et le Baileys, puis versez dans le siphon. Fermez-le, vissez une cartouche de gaz et secouez vivement. Placez le siphon au réfrigérateur pendant au moins 2 h.

2. Battez ensemble le sucre et les jaunes d'œufs jusqu'à ce que le mélange blanchisse. Versez le lait et la crème dans une casserole avec le café soluble. Portez à ébullition.

3. Préchauffez le four à 180 °C (th. 6). Versez peu à peu le lait bouillant sur le mélange œufs-sucre tout en fouettant sans arrêt. Versez ensuite dans 4 petits verres allant au four ou bien des pots de yaourt en verre.

4. Faites cuire les crèmes, au bain-marie, dans le four préchauffé pendant environ 25 min. Les crèmes doivent être juste prises. Après refroidissement, mettez-les au réfrigérateur pendant au moins 2 h. Servez les crèmes bien froides, nappées de chantilly au Baileys.

CONSEIL

Le Baileys est une liqueur à base de whiskey irlandais et de crème, qui se trouve facilement en France.

VERRINE DE YAOURT AUX CARAMBAR®

Pour 8 à 10 yaourts / 15 min de préparation / 5 min de cuisson / 8 h de fermentation / quelques heures de réfrigération

Ingrédients

1 l de lait demi-écrémé
1 yaourt nature
20 Carambar®
100 g de sucre en poudre
2 cuil. à soupe de lait en poudre

Matériel

Verrines

1. Versez le lait dans une casserole. Ajoutez les Carambar®, le sucre et le lait en poudre. Portez doucement à ébullition et mélangeant régulièrement. Retirez du feu, couvrez et laissez refroidir.

2. Dans un saladier, mettez le yaourt. Versez un peu de lait parfumé. Délayez bien le yaourt dans le lait à l'aide d'un fouet. Ajoutez le reste du lait et mélangez bien. Répartissez la préparation dans les verrines. Placez-les dans la yaourtière. Couvrez et laissez prendre pendant 8 à 9 h. Placez-les au réfrigérateur pour quelques heures avant de les déguster.

VERRINES DE YAOURT AUX BOUNTY®

Pour 8 à 10 yaourts / 15 min de préparation / 5 min de cuisson / 8 h de fermentation / quelques heures de réfrigération

Ingrédients
1 l de lait demi-écrémé
1 yaourt nature
10 mini-Bounty®
50 g de sucre en poudre
2 cuil. à soupe de lait en poudre

Matériel
Verrines

1. Versez le lait dans une casserole. Ajoutez les Bounty®, le sucre, le lait en poudre. Portez doucement à ébullition et mélangeant régulièrement. Retirez du feu, couvrez et laissez refroidir.

2. Dans un saladier, mettez le yaourt. Versez un peu de lait parfumé. Délayez bien le yaourt dans le lait à l'aide d'un fouet. Ajoutez le reste du lait et mélangez bien. Répartissez la préparation dans les verrines. Placez-les dans la yaourtière. Couvrez et laissez prendre pendant 8 à 9 h. Placez-les au réfrigérateur pour quelques heures avant de les déguster.

VARIANTE

Vous pouvez séparer les cœurs à la noix de coco des Bounty® du chocolat qui les recouvre. Réalisez alors la recette en n'ajoutant dans le lait que les cœurs à la noix de coco. Lorsque le yaourt est pris et bien froid, faites fondre doucement le chocolat et coulez-le sur le dessus de vos yaourts. Vous pourrez alors les servir immédiatement avec le chocolat fondant à la surface ou les placer au réfrigérateur afin d'obtenir un chocolat craquant.

YAOURT GLACÉ À L'INDIENNE, SIROP DE ROSE ET PISTACHES

Pour 4 personnes / 35 min de préparation / 20 à 30 min de turbinage / 10 min de cuisson

Ingrédients

300 g de yaourt à la grecque
30 cl de crème liquide entière
100 g de sucre glace
Le jus de 1 citron
40 g de pistaches vertes concassées

Pour le sirop de rose

150 g de sucre en poudre
2 cuil. à soupe d'eau de rose

Matériel

Sorbetière
Poche à douille
Coupelles

1. Préparez le sirop : dans une casserole, portez à ébullition 20 cl d'eau, le sucre en poudre et l'eau de rose. Laissez frémir 10 min et réservez. La consistance doit être sirupeuse.

2. Si vous possédez une sorbetière à accumulation de froid, n'oubliez pas de placer le bac au congélateur 15 h avant de l'utiliser. Si vous disposez d'une machine à turbine, vous pouvez l'utiliser directement.

3. Dans un saladier, fouettez le yaourt, la crème, le jus de citron et le sucre glace.

4. Versez cette préparation dans votre machine à glace et faites turbiner 20 à 30 min.

5. Versez le yaourt glacé dans une poche à douille cannelée et répartissez-le dans 4 coupelles. Arrosez de sirop de rose, parsemez de pistaches et dégustez sans attendre. Si vous voulez une glace à la consistance plus ferme, n'hésitez pas à la placer quelques heures au congélateur avant de la déguster. Vous aurez en revanche davantage de difficulté à la présenter à la poche à douille.

GRANOLA AU COTTAGE CHEESE ET AUX FRUITS ROUGES

Pour 6 personnes / 10 min de préparation / 5 min de cuisson

Ingrédients

100 g de graines de potiron
100 g de graines de tournesol
300 g de flocons d'avoine
100 g d'amandes
20 g de beurre fondu
15 cl de jus de pomme
180 g de cottage cheese
6 cuil. à café de miel
200 g de fraises séchées
50 g de myrtilles séchées
200 g de mélange de fruits rouges

Matériel

Papier sulfurisé
Verrines

1. Préchauffez le four à 120 °C (th. 4). Dans un saladier, mélangez les graines, les flocons d'avoine et les amandes. Versez le beurre fondu et le jus de pomme. Mélangez bien.

2. Étalez la préparation sur une plaque à pâtisserie recouverte d'une feuille de papier sulfurisé. Enfournez pour 2 h en remuant régulièrement. Laissez bien refroidir.

3. Répartissez ce granola dans les 6 verrines. Ajoutez le cottage cheese et ajoutez 1 cuil. à café de miel dans chaque verrine. Répartissez les fruits dessus. Terminez par une couche de fruits rouges et dégustez aussitôt.

SUNDAE AUX ÉCLATS DE SPÉCULOOS, COMPOTÉE DE PRUNES ET NUÉE DE CANNELLE

Pour 4 personnes / 20 min de préparation / 20 à 30 min de turbinage / 15 min de cuisson

Ingrédients

200 g de prunes dénoyautées
50 g de cassonade
1 cuil. à soupe de cannelle en poudre
30 cl de crème liquide
40 cl de lait entier
150 g de sucre glace
1 cuil. à soupe d'arôme de vanille liquide
Une dizaine de spéculoos grossièrement écrasés

Matériel

Sorbetière
Coupelles
Poche à douille

1. Dans une casserole, faites chauffer doucement les prunes avec la cassonade et une pincée de cannelle pendant 15 min, puis réservez.

2. Si vous possédez une sorbetière à accumulation de froid, n'oubliez pas de placer le bac au congélateur 15 h avant de l'utiliser. Si vous disposez d'une machine à turbine, vous pouvez l'utiliser directement.

3. Dans un saladier, mélangez la crème, le lait, le sucre glace et la vanille. Versez cette préparation dans votre machine à glace et faites turbiner 20 à 30 min.

4. Répartissez la moitié des spéculoos émiettés dans 4 petites coupelles. Versez la glace obtenue dans une poche à douille cannelée et répartissez-la dans les coupelles. Recouvrez avec la compotée de prunes, saupoudrez dessus la cannelle restante et dégustez sans attendre.

GRANITÉ D'ANANAS AU BASILIC ET SA NEIGE

Pour 6 personnes / 25 min de préparation / 2 à 3 h de congélation / 5 min de cuisson

Ingrédients
600 g d'ananas frais (1 bel ananas)
3 cuil. à soupe de liqueur de banane
12 belles feuilles de basilic
100 g de sucre
6 blancs d'œufs
1 pincée de sel
1 cuil. à soupe de pistaches nature concassées

Matériel
Verrines

1. Retirez l'écorce de l'ananas et coupez la chair en morceaux. Réduisez-la en purée fine au mixeur. Lavez et ciselez très finement le basilic. Mélangez-le à la purée d'ananas ainsi que la liqueur de banane. Versez le mélange dans un bac ou une boîte en plastique avec couvercle et laissez prendre au congélateur pendant 2 à 3 h. Ayez soin de remuer deux ou trois fois à l'aide d'une fourchette.

2. Ajoutez la pincée de sel et 2 à 3 cuil. de sucre aux blancs d'œufs, puis montez-les en neige très ferme, en les fouettant vigoureusement et en incorporant le reste du sucre peu à peu. Vous devez pouvoir les soulever avec une cuillère.

3. Amenez à ébullition 5 cm d'eau dans une large casserole. Versez-y 6 gros tas de neige en les espaçant. Faites-les cuire 1 min de chaque côté. Retirez-les et déposez-les sur une grille pour les laisser refroidir.

4. Placez les verrines au congélateur 30 min avant de servir. Sortez la purée d'ananas du congélateur et grattez-la avec une fourchette pour former des paillettes de granité. Répartissez le granité dans les verres. Garnissez de neige, puis parsemez de pistaches. Dégustez immédiatement, car le granité fond très vite.

VARIANTES

Vous pouvez préparer un granité de fraises et de liqueur de fraise, ou d'abricot, ou encore de melon. Vous pouvez remplacer les blancs en neige par de la crème fouettée.

GRANITÉ À LA VODKA

Pour 4 personnes / 10 min de préparation / 2 min de cuisson / 4 h de congélation

Ingrédients

3 citrons verts
10 cl d'eau
100 g de sucre en poudre
8 cl de vodka

Matériel

Presse-agrumes
Passoire fine
Bac à glace (ou autre bac, en métal de préférence)
Verrines

1. Pressez les citrons verts, filtrez le jus à travers la passoire fine et mettez de côté.

2. Dans une casserole, portez l'eau et le sucre à ébullition pendant 2 min. Mélangez le sirop ainsi obtenu avec le jus de citron et la vodka.

3. Versez la préparation dans un bac et placez au congélateur pendant 4 h, en grattant régulièrement le granité avec une fourchette de sorte à obtenir des paillettes (toutes les 30 min). Servez ce granité dans des petits verres et décorez avec des feuilles de menthe.

Carrément cuisine

Découvrez tous les titres de la collection !

5,95 €

100 RECETTES

100 listes
de courses
à flasher

Crédits des recettes :
Clémentine Donnaint : p.14 ; Bérangère Abraham : pp. 212, 216 ; Maya Barakat-Nuq : pp. 30, 54, 60, 82, 88, 90, 114, 118, 120, 124, 126, 128, 130, 132, 134, 136, 138, 148, 152, 158, 164, 218 ; Garlone Bardel et Clémentine Donnaint : p. 18 ; Alexandra Beauvais : pp. 42, 154, 202 ; Aurélie Desgages ; pp. 166, 180, 204 ; Isabelle Dreyfus : pp. 106, 206 ; Thomas Feller : pp. 24, 32, 34, 44, 52, 56, 68, 92, 96, 98, 100, 102, 110, 144, 162, 174, 176, 178, 190 ; Eva Harlé : pp. 16, 38, 40, 46, 76, 108, 140, 168, 182, 184, 188, 192, 196, 198, 200, 220 ; Alexia Janny-Chivoret : p. 112 ; Stéphan Lagorce : pp. 20, 22, 72, 186, 194 ; Mélanie Martin : pp. 26, 28, 36, 58, 64, 66, 70, 104, 146, 160 ; Philippe Mérel : pp. 78, 80, 208, 210 ; Catherine Moreau : pp. 150, 214 ; Sandra Pascual : pp. 170, 172 ; Emilie Perrin : pp. 48, 50, 74, 84, 86, 116.

Crédits des photos :
© Pierre Chivoret : pp. 27, 29, 37, 67, 71, 113, 147 ; © Denis Clément : pp. 107, 207 ; Maxime de Bollivier : pp. 47, 77, 109, 199, 201 ; Eric Fénot : pp. 17, 31, 83, 119, 121, 125, 127, 129, 133, 135, 137, 139, 169, 183, 185, 189, 193, 197 ; © Virginie Garnier : pp. 171, 173 ; © Valéry Guédès : pp. 21, 23, 65, 73, 105, 209, 211, 213, 217 ; © Franck Hamel : pp. 43, 155, 203 ; © Françoise Nicol : pp. 39, 41, 141, 187, 221 ; © Natacha Nikouline : pp. 145, 161 ; © Bob Norris : pp. 167, 181, 205 ; © Aline Princet : pp. 49, 51, 75, 79, 81, 85, 87, 117, 177, 179 ; © Stéphane Ruchaud : pp. 97, 163 ; © Philippe Vaurès-Santamaria : pp. 15, 19, 25, 33, 35, 45, 53, 55, 57, 59, 61, 69, 89, 91, 93, 99, 101, 103, 111, 115, 131, 149, 151, 153, 157, 159, 165, 175, 191, 195, 215, 219.

Direction : Catherine Saunier-Talec
Responsable éditoriale : Céline Le Lamer
Responsable artistique : Antoine Béon
Conception graphique et couverture : Pauline Ricco
Fabrication : Amélie Latsch
Partenariats : Sophie Morier (smorier@hachette-livre.fr)

L'éditeur remercie Alice Dauphin pour son aide précieuse.

Dépôt légal : juin 2014
23-8760-3/01
ISBN : 978-2-01-238760-7

Achevé d'imprimer en Espagne par Macrolibros.

Pour l'éditeur, le principe est d'utiliser des papiers composés de fibres naturelles, renouvelables, recyclables et fabriqués à partir de bois issus de forêts qui adoptent un système d'aménagement durable. En outre, l'éditeur attend de ses fournisseurs de papier qu'ils s'inscrivent dans une démarche de certification environnementale reconnue.